LES RAST

NOTICE GÉNÉALOGIQUE

SUR

UNE FAMILLE LYONNAISE AU XVIIIᴱ SIÈCLE

PAR

ROGER GRAFFIN

TYPOGRAPHIE FIRMIN-DIDOT ET Cⁱᴱ

MESNIL-SUR-L'ESTRÉE — (EURE)

—

1893

LES RAST

LES RAST

NOTICE GÉNÉALOGIQUE

SUR

UNE FAMILLE LYONNAISE AU XVIIIᵉ SIÈCLE

PAR

ROGER GRAFFIN

NOBLE MATHIEU RAST ECHEVIN DE LYON

1776

TYPOGRAPHIE FIRMIN-DIDOT ET Cⁱᴱ

MESNIL-SUR-L'ESTRÉE. — (EURE.)

1893

Ceci est un inventaire. Limité à l'analyse de quelques papiers de famille, ce travail ne vaut que pour ceux qu'il touche de près.

Je ne sais cependant si on ne pourrait retrouver ici quelques détails susceptibles d'éclairer un passé souvent mal compris.

Une famille de petite bourgeoisie voir ses membres occuper des situations honorables, quelques-uns s'anoblir par le métier des armes, d'autres prendre rang dans une ville considérable, c'est là un spectacle que l'ère de nos libertés n'a point suscité, et qu'à ce titre il peut être curieux de constater.

D'autre part, la rédaction des vieux actes donne sur les sentiments d'autrefois une note particulière. Les dispositions testamentaires, les partages, l'énumération des biens meubles, fournissent encore des renseignements qui contribuent à mettre en relief certains côtés de la vie de nos grands-pères...

... Mais ceci n'est qu'un inventaire.

LES RAST

La famille Rast est originaire du Vivarais, aujourd'hui département de l'Ardèche. Établie à la Voulte, petite ville sur la rive
droite du Rhône, elle posséda depuis la moitié du dix-septième siècle
la charge de juge et de lieutenant de juge du comté de la Voulte-
Ventadour dont la juridiction s'étendait à treize paroisses (1).

Les Rast avaient leur sépulture dans l'église paroissiale de la
Voulte. Ainsi Antoine Rast, ancien capitaine au régiment de
Mornac, demande dans son testament « qu'on fasse la sépulture
de son corps au cimetière de l'église paroissiale dudit la Voulte,
ou dans la dite église, tombe de ses ancêtres (2) ».

I.

JEAN RAST, marchand à la Voulte, est le premier de la famille
dont le nom nous ait été transmis. Il est impossible de remonter
plus haut faute de titres. Les registres civils n'ont commencé à
être tenus à la Voulte que vers 1660. Les actes des notaires seuls
pourraient peut-être donner quelques renseignements sur les
membres de la famille qui ont vécu à une époque antérieure.
Jean Rast fut marié à demoiselle Isabeau Coulet. Son existence

(1) Mémoire du médecin Jean-Jacques Rast.
(2) Testament du 11 mars 1735.

nous est seulement accusée ainsi que celle de sa femme par le contrat de mariage de Jean Rast, notaire royal, son fils.

Un de ses frères dont le prénom ne nous est pas parvenu fut prévost en Provence. « Capitaine lors du siège du Pouzin par Louis XIII il tua de sa propre main un marquis de Brison ennemi de l'État pour cause de religion (1). »

Jean Rast, marchand, eut quatre enfants :

1. — Jean RAST avocat (2), notaire royal (3), lieutenant général en la justice du comté de la Voulte (4). Il épousa à la Voulte le 14 juillet 1654, Isabeau Masson :

« ... En faveur duquel mariage, le dit Sr Masson a donné et constitué en dot à ladite Isabeau Masson sa fille la somme de 2,000 livres, tant pour les droits de légitime paternels de la fiancée que pour les droits maternels et succession d'une sienne sœur décédée *ab intestat.* » Cette dot était payable six mois après la bénédiction du mariage. Ledit « sieur Masson donnait aussi à sa fille en augmentation de dot une robe selon sa condition et celle de son fiancé...

Ledit Sr Jean Rast et Isabeau Coulet père et mère dudit fiancé, la femme procédant en tant que de besoin de la licence de son mari, ont donné et donnent par donation pure et irrévocable d'entre vifs et à cause de noces au dit Sr Rast leur fils présent et acceptant et humblement remerciant, la moitié de tous leurs biens meubles et immeubles, noms, droits, raisons et actions présents et à venir quelconques avec leurs honneurs et charges (5). »

(1) Mémoire du médecin Jean-Jacques.
(2) Mémoire du médecin Jean-Jacques.
(3) Contrat de mariage du 4 juillet 1654. La charge de notaire de la Voulte était héréditaire chez les Rast comme nous l'apprenons par le testament de François Demeure du 20 novembre 1665. Cet acte, rédigé par Jean Rast, commence ainsi : « Par devant moi, notaire royal, *héréditaire* de la Voulte... »
(4) Contrat de mariage de son fils Jacques Rast, 7 novembre 1691.
(5) Contrat de mariage, La Voulte, 4 juillet 1654.

Ce fut Jean Rast notaire et lieutenant juge à la Voulte, qui tant à cause de sa situation que de la considération dont il jouissait, « fut député par M. le maréchal de Broglie et M. de Basville intendant du Languedoc pour presser les religionnaires soulevés en Vivarais de rentrer dans leur devoir envers le roi (1) ».

Jean Rast mourut probablement le 15 février 1696 date du procès-verbal d'ouverture de son testament. En voici le préambule et les dispositions :

« Testament de moi Rast pour être ouvert incontinent après mon décès.

« Au nom de Dieu soit faict. L'an mil six cent nonante cinq et le vingtième jour du mois de juillet après midy, reignant Louis quatorzième par la grâce de Dieu roy de France et de Navarre, je, Jean Rast, lieutenant général en la justice du comté de la Voulte, cappitaine chevalier des Robins Poumeaux, habitant dudit la Voulte, désirant disposer des biens que Dieu m'a donnés en ce monde par testament, je l'ay fait et ordonné comme s'ensuit.

« Après avoir invoqué le secours du Saint-Esprit recommande mon âme à Dieu, prie vouloir recevoir icelle au royaume des cieux par l'intercession de la très glorieuse vierge Marie, saint Jean mon patron et aussi saincts et sainctes du paradis; estant maintenant sain par la grâce de Dieu de mes sens, mémoire et entendement et dans une parfaite connaissance, seulement affligé d'un bras et d'une jambe qui ne me permettent que de signer, à cause d'une parallizie qui m'est arrivée depuis environ trois années, comme j'ay faict à chaque page.

« Premièrement, je veux et ordonne qu'il soit fait une augmosne apprès mon décès et à la porte de ma maison, de six sep-

---

(1) Mémoire de J.-J. Rast médecin, qui renvoie à l'*Histoire des guerres civiles du Languedoc*. — Cf. Dom Devic et dom Vaissette, *Histoire générale du Languedoc*.

(2) Testament du 20 juillet 1695.

tiers de meslé ou de seigle, six barreaux de vin, et deux quarts
fèbves le tout converty en pain cuit et en potage, me remettant
pour le surplus à la discrétion de mon héritier.

« Plus, je donne à la confrérie des pénitents blancs dudit la
Voulte la somme de trente livres, pour l'employer pour l'agran-
dissement de la chapelle lorsqu'on la voudra agrandir, pour les
quelles trente livres, je fonde deux messes pour être célébrées,
savoir une perpétuelle dans ladite chapelle des pénitents, pareil
jour que sera mon trépas ou le lendemain d'iceluy, pour le salut
de mon âme et de nos parents, et l'autre au bout de l'an aussy dans
ladite chapelle... »

... Le testateur partage ensuite ses biens de la façon suivante :
Il lègue à ses fils *Jean-Gilbert Rast*, religieux Augustin la somme
de vingt livres sa vie durant; à *Jacques* et à *Jean-Baptiste Rast* la
somme de deux mille cinq cents livres à chacun pour tous leurs
droits de légitime paternels et maternels, en tenant compte dans
ces dits legs de la somme de deux mille livres donnée audit Jacques Rast en son contrat de mariage avec demoiselle Marie-Anne
Perrette; et outre ce laisse quelques meubles à chacun de mes deux
fils jusques à la valeur de soixante livres.

« Je veux aussi qu'il soit donné aux enfants de feue Magdeleine
Rast ma fille, savoir Anthoine, Fabien, Marie et Gillette Roche, la
somme de quatre cents livres, à diviser entre lesdits quatre enfants
pour tous les droits et prétentions de nosdits petits enfants, payables en fonds héréditaires si bon semble à mon héritier ou autre-
ment en argent à son choix...

« Et venant à l'institution d'héritier je nomme de ma propre
bouche sieur Fabien Rast mon fils aîné par lequel je veux et ordonne que mon présent testament soit suivy de point en point
selon ma volonté ci-dessus ordonnée.

« Et quoique sieur Jean-Baptiste Rast mon frère, cy devant capitaine au régiment d'Orléans, et après major pour Sa Majesté en la ville de Dinant, soit suffisamment payé de tous ses droits, désirant néanmoins de lui donner des marques de mon affection, je veux et entends que mon dit héritier laisse la faculté à mon dit frère, d'habiter dans ma maison d'habitation toutes les fois qu'il lui plaira avec tout son équipage et d'y être entretenu toutes les fois qu'il y viendra avec la faculté de se servir des membres plus commodes de ma maison et meubles nécessaires, sans contradiction ny empêchement de la part de mon dit héritier... »

2. — JEAN-MARIE RAST, sur la vie duquel nous n'avons guère d'autre renseignement que l'inscription qui se trouve derrière son portrait.

« R. P. M. Joannes Maria Rast. natus Voltæ ad Rhodanum, augustianus doctor Sorbonniensis, majoris conventus Parisiensis conventualis illiusque secundùm Prior, ætatis suæ 70. » Jean-Marie Rast fut donc religieux Augustin, docteur en Sorbonne et deux fois prieur du grand couvent de Paris.

Son existence en 1694 est attestée par un extrait du baptistère de la Voulte touchant la naissance de Jacques Rast. Cet extrait, daté du 22 mai 1694, est signé « F. J. M. Ras religieux Augustin dudit la Voulte. »

C'est à son oncle l'Augustin que le lieutenant de roy de Pontarlier doit d'être entré très jeune dans les mousquetaires (1).

Deux autres enfants de Jean Rast marchand avaient embrassé la carrière des armes qu'ils parcoururent non sans éclat :

3. — L'un dont nous ignorons encore le prénom, fut capitaine de grenadiers du régiment de Gaston et mourut major de Sedan (2).

4. — L'autre, JEAN-BAPTISTE RAST, chevalier de l'ordre royal et militaire de Saint-Louis, mourut major de Furnes en 1704. — Il

(1) Lettre de M. Rast-Maupas.
(2) Mémoire du médecin.

avait épousé une demoiselle Jeanne Demeure dont il n'eut pas d'enfants.

Ses états de service sont constatés par les titres suivants :

« 12 juin 1661. — Certificat daté de l'île Cérigo, délivré par le chevalier de Gremonville lieutenant général des armées du roy, commandant en chef les troupes de sa majesté en Levant et gouverneur général des armées de la sérénissime république de Venise, constatant que le Sr Rast, capitaine détaché avec sa compagnie du régiment d'Anjou joint au corps du régiment d'Alméric, a servi pendant deux campagnes en Levant, ayant donné en toutes occasions des preuves singulières de son courage et de sa ponctualité. »

Au retour de cette expédition, le régiment d'Anjou, auquel J.-B. Rast appartenait, fut réuni à celui d'Orléans. Le roi ne voulut plus conserver qu'autant de compagnies qu'il y avait de fois 60 hommes effectifs et J.-B. Rast fut compris parmi les officiers réformés. — Ainsi le constate une pièce datée du 29 mars 1662 et signée du Sr de Caramany maréchal de camp des armées du roy, colonel du régiment royal Catalan, commandant les troupes qui viennent du Levant.

A la date du 2 avril 1662, un certificat daté de Toulon et délivré par le même sieur de Caramany établit : « comme le sieur Rast, capitaine détaché du régiment d'Anjou à présent d'Orléans joint au régiment d'Alméric, a très-bien et fidèlement servi le Roy dans la fonction de la charge de capitaine, l'espace de dix-huit mois dans les îles du Levant. »

Jean-Baptiste resta ainsi réformé ou à la suite pendant 5 ans. — C'est en 1667 qu'il put reprendre du service dans le régiment d'infanterie d'Orléans.

Par une commission sur parchemin datée d'Amiens signée Louis et Le Tellier, le roi nomme Jean-Baptiste qu'il qualifie « de

Ras » (1), capitaine au régiment d'Orléans, en remplacement du
sieur d'Aranay promu à la charge de lieutenant colonel dudit régiment.

Le 26 août 1671 une commission sur parchemin, datée de
Fontainebleau et signée Louis et Le Tellier, nomme le sieur de
Ras capitaine d'une compagnie de nouvelle levée au régiment
d'Orléans.

Le 29 juillet 1692 de Ras est nommé major de Dinant. Brevet sur
papier daté de Versailles et signé Louis et Le Tellier.

Enfin une dernière commission sur parchemin, datée de Versailles 1er janvier 1700, nomme de Ras à la charge de major de
Furnes, charge vacante par la promotion du sieur de Malguiche à
la majorité d'Ypres.

C'est dans cette dernière charge que mourut Jean-Baptiste de
Rast.

En 1669 il assistait comme capitaine au siège de Candie. Il ne
resta de sa compagnie que lui, un sergent et un soldat. En sou-
venir de ce fait le duc d'Orléans l'appelait « mon Candie » (1).

---

(1) Le nom *de Ras* fut aussi pris par la famille à cette époque. — Ainsi un extrait
authentique du registre des Baptistaires de l'église paroissiale de la Voulte, porte que le
dix-huitième janvier mil six cent soixante-dix-huit, a été baptisé un fils de M. *de Ras*
lieutenant général du Comté de la Voulte et de Mlle Isabeau Masson. Cet extrait est signé de Baratier curé, contresigné et scellé par Fabien Rochefontneuve juge, et par le
greffier Molière.

(1) Candie, défendue depuis plusieurs années contre les Turcs par les Vénitiens,
succomba en 1669. En juin 1669, Louis XIV avait envoyé au secours des Vénitiens sept
mille hommes de troupes choisies commandées par le duc de Navailles, la flotte française étant sous les ordres du duc de Beaufort amiral. A la première sortie contre les
assiégeants le duc de Beaufort périt avec cinq cents hommes. Le duc de Navailles
abandonna la place et le 27 août les Vénitiens capitulèrent. « Ainsi finit le fameux
siège de Candie qui coûta plus de soixante-dix mille hommes aux ennemis et plus de
trente mille aux Vénitiens. Mais ce qui intéressa le plus toute l'Europe chrétienne fut la
perte de cette île qui jusque-là lui avait servi de barrière contre les infidèles. » (Abrégé
chronologique de l'hist. de France pour servir de suite à l'Hist. de François de Méze-
ray. 1728.)

L'ordre de Saint-Louis a été institué en 1693, il en fut un des premiers pourvus. Jean-Baptiste était reconnu comme très fort à tirer les armes; c'était lui qui suivant l'usage du temps était chargé d'éprouver les nouveaux officiers du régiment; on l'appelait pour cela : *l'essayeur* (1).

Le major de Furnes avait recueilli dans sa carrière plus d'honneur que d'argent. Sa veuve s'en explique à son cousin M. Dudevès dans la lettre suivante :

(*En suscription.*) Monsieur Dudevès à Valence, pour la Voulte.

Je vous envoy la coppie du testament (2) et codicille qu'a faict M. Ras votre oncle où vous trouverez sa dernière volonté. J'y joins un état du prix de ses meubles et de ce qu'il me devait pour vous faire connaître en l'état où je suis, et que je ne suis pas entièrement payée de ce qui m'est dû. Il a désiré que M. Rast votre ayné vous remette la grange de la Blache, cela vous doit faire connaistre sa bonne intention et qu'il aurait bien souhaité vous faire du bien, mais le peu de temps qu'il a été en place, les grandes maladies et la dépense que luy a causé vostre frère le mousquetaire, l'ont toujours épuisé. Vous ne sauriez croire l'affliction et le chagrin que j'ay eu depuis sa mort. Il m'a fallu essuyer mille traverses à Furnes. Je suis de tout mon cœur, monsieur mon neveu, votre très humble, très obéissante servante.

Demeure Ras. — Paris ce 27 avril 1704.

(1) Lettre de M. Rast-Maupas à M. Desarmands.

(2) Testament reçu le 26 septembre 1701 par François du Flocq, tabellion établi dans la ville de Furnès.

II.

Jean Rast, lieutenant général en la justice du comté de la Voulte eut cinq enfants : Fabien, Jean-Gilbert, Magdeleine, Jacques et Jean-Baptiste.

1. — FABIEN RAST fut, comme son père, avocat (1), notaire à la Voulte (2), lieutenant de juge (3), et juge général du comté de la Voulte (4).

Marié à Jeanne Roche, il eut lui-même cinq enfants : Antoine, Agatange, Louise, Marie et Jeanne.

Antoine Rast fut capitaine au régiment d'infanterie de Mornac (5). (Le même régiment, où Jean-Baptiste, le lieutenant de Pontarlier, servit comme capitaine, sergent major, puis comme lieutenant-colonel.) — Il fut marié à une demoiselle Catherine Le Pêcheur (6). J.-J. Rast, le médecin, nous apprend qu'Antoine, qui était son cousin germain, fut capitaine avant l'âge de 18 ans. Antoine Rast figure comme ancien capitaine d'infanterie, dans le contrat de mariage de Nicolas Molière, notaire, avec Catherine Thérèze Demeure, fille de Jean Demeure, bourgeois, et Louise Muget. Cette Catherine Demeure est la sœur de Claudine Demeure, épouse de J.-J. Rast, médecin, dont il sera question plus bas.

Agatange Rast fut Augustin.

2. — Le second fils de Jean Rast : JEAN-GILBERT RAST, né en août 1666, fut religieux des Augustins.

(1) Mémoire du médecin.
(2) Procès-verbal de l'ouverture du testament de Jean Rast, 15 février 1696.
(3) Donation faite à Fabien Rast par sa mère, 8 8bre 1696.
(4) Testament de Fabien Rast, 9 mai 1707.
(5) Testament d'Antoine Rast, 11 mars 1735.
(6) Même pièce.

3. — Magdeleine RAST fut mariée à Martial Roche et mourut avant 1696. Elle eut quatre enfants qui n'eurent point de postérité, ou dont la postérité est restée inconnue.

4. — Jacques RAST, auquel M. Desarmands dans ses notes sur la famille donne la qualification de procureur fiscal du comté de la Voulte, occupe une place importante dans l'histoire de la famille; c'est lui, en effet, qui eut pour fils J.-J. Rast, médecin, et pour petit-fils Jean-Louis Rast, marchand, inventeur de la condition des soies, à Lyon. Né le 19 juin 1669 à la Voulte, il épousa le 7 nov. 1691 (1) damoiselle Marie-Anne de Perret, fille de sieur Jean de Perret et de Fleurie Maury, qui lui apporta en dot 3.000 livres. Les parents de Jacques Rast lui constituaient en dot 2.000 livres, payables après le décès du dernier mourant d'entre eux. En attendant, et pour supporter les charges du mariage, ils donnaient à leur fils la jouissance d'une maison en la ville de la Voulte, avec quelques morceaux de terre ou de vigne.

5. — Le dernier enfant de Jean Rast s'appelait Jean-Baptiste, et comme son oncle, le major de Furnes, dont il avait les prénoms, il suivit la carrière des armes où il s'éleva rapidement, car il était capitaine d'infanterie très jeune (2).

Né le 18 janvier 1678 à la Voulte, il fut baptisé à l'église de Saint-Vincent (3). Marié le 4 juillet 1736 à Suzanne de Boutteville veuve Leroy de la Bousselière, il mourut sans postérité au château de Joux, le 8 décembre 1754.

Jean-Baptiste eut une ardeur si précoce pour le métier militaire, que très jeune encore il suivit un régiment qui passait à la Voulte. Son oncle, Augustin à Toulouse (Jean-Marie Rast), le reçut et le fit entrer dans les mousquetaires. C'est dans ce corps qu'il

---

(1) Contrat de mariage contre-signé et scellé par Hercule de Geofre, juge général du comté de la Voulte.

(2) Mémoire du médecin.

(3) Acte de baptême.

fit la guerre pour la première fois. Un boulet de canon passa si près de lui qu'il enleva sa soubreveste, et la commotion le rendit longtemps malade (1).

En 1698, Jean-Baptiste fut parrain de son neveu Jean-Jacques fils de Jacques Rast et de Marianne Perret; il est qualifié capitaine dans l'acte de baptême. Il avait alors 20 ans (2).

Le premier titre que nous ayons à son sujet est une commission sur parchemin nommant le capitaine de Ras au commandement d'une compagnie dans le régiment royal d'infanterie. Cette commission, datée de Versailles du 1er septembre 1696, est signée Louis et Le Tellier.

Dans une commission datée de Versailles du XXX mai 1705, et signée Louis et Chamillard, il est dit que Sa Majesté, satisfaite du soin que le sieur Rast, inspecteur particulier de son infanterie en Bretagne, a pris des milices bourgeoises de la province, l'a choisi pour aller à la Rochelle faire à l'avenir la visite de celles du pays d'Aunis.

Le 3 février 1706, un brevet de sergent-major du régiment d'infanterie de Chamilly, de nouvelle levée, est donné à Jean-Baptiste; le brevet, daté de Versailles, est signé Louis et Chamillard.

Une lettre de Sa Majesté, signée Louis et Chamillard et datée également du 3 février 1706, déclare qu'elle entend conserver au Sr de Ras avec la charge de sergent-major du régiment d'infanterie de Chamilly qu'elle fait mettre sur pied, le rang conféré à cet officier en vertu de sa première commission de capitaine. — Jean-Baptiste reçut peu après une commission de sergent-major du régiment d'infanterie de Mornac. Cette pièce ne nous est pas parvenue.

Nous possédons seulement la commission royale qui élève Jean-

(1) Lettre de M. Rast-Maupas.
(2) Acte de baptême du 29 août 1698, à la Voulte.

Baptiste de la charge de sergent-major du régiment d'infanterie de Mornac à celle de lieutenant-colonel du même régiment. — Commission sur parchemin donnée à Versailles le 31 juillet 1707 et signée Louis et Chamillard.

Jean-Baptiste de Rast n'avait encore que vingt-neuf ans.

En 1710 de Ras est au blocus d'Iaca, sous les ordres du baron d'Huart. Un certificat, émané de cet officier et daté d'Iaca 29 décembre 1710, porte que de Ras s'est toujours conduit, surtout à l'attaque du château de Sainte-Hélène, « avec toute la valeur et con duite, et bravoure, qu'un galant homme et homme d'honneur peut avoir dans de pareilles occasions ».

Une lettre royale, datée de Versailles 13 février 1714, et signée Louis et Pysin, « ordonne au sieur de Ras de se rendre dans la garnison de Besançon pour y être dorénavant entretenu et payé de ses appointements en qualité de lieutenant-colonel réformé d'infanterie ».

Cette pièce fut par la suite visée à Paris par Louis d'Orléans, duc de Chartres, et Montgault, à la date du 5 novembre 1721.·

Le 7 mai 1714, le maréchal de Chamilly délivre au sieur de Ras un certificat donnant les états de service de cet officier. — Papier signé du maréchal et scellé de ses armes.

Il est dit que « Le sieur de Ras, lieutenant-colonel du régiment d'infanterie de Mornac, ci-devant Chamilly, réformé du 14 février 1714, à la suite de la ville de Besançon, sert depuis 1693 (1), sans discontinuation jusqu'à la présente année 1714; suivant les certificats, congés, lettres, brevets, commissions et ordres du roy, tant en qualité de mousquetaire du roy, enseigne, capitaine, ayde-major, major, lieutenant-colonel, inspecteur particulier des troupes des provinces de Bretagne et pays d'Aunis. — Ayant eu l'honneur de servir en Flandre avec distinction et application, sous les

_____

(1) Depuis l'âge de quinze ans par conséquent.

ordres de MM. les maréchaux de Luxembourg, de Villeroy et de Boufflers ; en Bretagne, sous ceux de MM. les maréchaux d'Estréez et
de Châteaurenaud ; en Saintonge et pays d'Aunis, sous ceux de M. le
maréchal de Chamilly, et en Espagne sous ceux de M. le duc de Ven-
dôme ; pendant lequel temps il a été assez heureux de se trouver à la
bataille de Nervinde, au siège de Charleroy, au choc de Bossu, au
bombardement de Bruxelles, au siège de Diximude, au bombardement de Givet où il fut blessé au genou d'un éclat de bombe,
aux canonades de Nimègue et de Per, et à plusieurs détachements
particuliers, et en dernier lieu en Espagne, à la prise du château
de Sainte-Hélène, en Aragon, où il attacha lui-même le pétard que
les soldats qui en étaient porteurs avaient abandonné, et l'emporta
à la tête de soixante grenadiers soutenus par M. le baron de Huart,
maréchal de camp de S. M. C. ; ayant de plus commandé par ordre
du roy dans la ville de Verdun en Aragon, et servi très utilement
à la levée du blocus de Iaca et au ravitaillement de cette place. »

Nommé chevalier de Saint-Louis, le 17 mai 1714, il prête serment le 29 du même mois à Versailles ès mains de Sa Majesté, en
présence du conseiller secrétaire d'État. (Provision sur parchemin.)

Une lettre du roi datée sur Paris 1er mars 1719 et signée Louis
et Le Blanc, nomme de Rast, commandant d'un bataillon de milice
en formation dans la généralité de la Rochelle (1) ainsi que capitaine de la première compagnie de ce bataillon.

(1) Louis XIV avait créé les milices provinciales par l'ordonnance du 29 novembre
1688. (*Recueil général des anciennes lois françaises* par Jourdan et Isambert, t. XX,
p. 66. — Gebelin, *Hist. des milices provinciales de 1688 à 1791.*) Les guerres se multi-
pliant et devant l'insuffisance des recrues Louvois fit appel aux campagnes. Un certain
nombre de paroisses désignées par l'intendant devaient élire chacune un milicien, dont
elles payaient les frais de solde et d'équipement. Ce soldat, soumis à un exercice tous les
huit jours, ne pouvait sans permission s'absenter de son domicile plus de deux ou trois
jours. L'élection en pareille matière fut d'une application difficile, car dès le 17 janvier
1689 (Isambert, t. XX, p. 70) une ordonnance nouvelle vint rappeler à l'ordre les com-
munautés. Celles-ci avaient trouvé expéditif de donner une certaine somme à qui *s'en-*

Une autre lettre, datée de Versailles 1ᵉʳ mars 1727, et signée Louis et Le Blanc, choisit le sieur de Rast lieutenant-colonel réformé d'infanterie pour commander l'un des bataillons de milice d'infanterie en formation dans la province de Champagne.

Une commission sur parchemin, datée de Fontainebleau, 6 septembre 1732, nomme le Sʳ de Rast, lieutenant-colonel réformé d'infanterie, à la charge de lieutenant de roy de la ville de Pontarlier et château de Joux, en remplacement du titulaire, le Sʳ du Coutant, absent.

Le parchemin est signé Louis et...

Enfin le 27 septembre 1733, une autre commission royale donnée à Versailles et signée de même que la précédente, nomme définitivement de Ras à la charge de lieutenant de roy de la ville de Pontarlier et château de Joux.

C'est durant le cours de cette dernière charge, en 1736, que Jean-Baptiste de Ras épousa Suzanne de Boutteville (1), veuve de François Leroy de la Bousselière.

Le contrat de mariage fut passé par-devant les notaires au bailliage et principauté de Joinville : audit Joinville après midy, en l'auberge où pend pour l'enseigne un dauphin, le 4ᵉ jour de juillet 1736.

---

gagerait pour faire le service requis et par ce procédé la paroisse pouvait présenter un homme qui lui était étranger.

L'ordonnance du 23 décembre 1691 (Isambert, t. XX, p. 142) remplaça l'élection par le tirage au sort. Ce système, rigoureux dans son application absolue, fut d'une mise en œuvre difficile. Une ordonnance du 17 février 1705 porte la peine du fouet et de la fleur de lys, contre les garçons nommés pour la milice qui se sont absentés de leur paroisse et ceux qui achèteront des soldats pour servir à leur place, à moins qu'ils ne se représentent dans la quinzaine du jour de la publication. (Isambert, t. XX, p. 461.)

Pour obvier à tous ces inconvénients, on donna plus tard aux paroisses la faculté de s'exonérer moyennant soixante-quinze livres par homme. (Ordonn. du 10 septembre 1705. Isambert, t. XX, p. 544.)

(1) Un sieur de Boutteville fut lieutenant de roy de la place de Mézières. (Cf. Archives des Ardennes. Actes de l'état civil de Mézières.)

« En présence de : Messire Jean-Baptiste de Ras, chevalier de l'ordre militaire de Saint-Louis, lieutenant pour le roy des villes bailliage de Pontarlier et château de Joux, y demeurant — et dame Suzanne de Bouteville, demeurant ordinairement à Sedan, veuve de M. François Le Roy de la Bousselière, lorsqu'il vivait, entrepreneur général des hôpitaux de Champagne, étant lesdites parties présentement en cette ville de Joinville... »

D'après cet acte, le sieur futur époux apportait dans la communauté la somme de 10.000 livres, tant en biens meubles, effets, qu'argent et monnaie; Suzanne de Boutteville se constituait en dot la somme de 22.000 livres.

Jean-Baptiste de Ras, mourut au château de Joux, muni des sacrements de l'Église, à l'âge de soixante-dix-sept ans, le 8 décembre 1754. Il fut enterré le même jour dans l'église de Saint-Pierre de l'Écluse (1).

On mit l'inscription suivante dans l'endroit où il fut inhumé :

« Cy-git Jean-Baptiste de Ras, en son vivant chevalier de l'ordre militaire de Saint-Louis, lieutenant de roy et commandant au gouvernement de Pontarlier et du château de Joux.

. Requiescat in pace. »

M. Rast Maupas nous a transmis sur le lieutenant de roy de Pontarlier le trait suivant (2) :

« Un jour, se promenant avec un de ses frères, un homme vient le saluer. — Tu me connais donc, lui dit-il. — Je le crois bien, mon colonel, vous m'avez passé votre épée à travers le corps. — Voici à quelle occasion : on vint l'avertir, pendant qu'il était en garnison à Montpellier, qu'il y avait un mouvement

(1) Extrait des registres de la paroisse de Saint-Pierre de l'Écluse.
(2) Lettre à M. Rast Desarmands.

de révolte parmi les grenadiers de son régiment. Sur-le-champ,
quoiqu'en robe de chambre, il met l'épée sous son bras, dit à ses
officiers de le suivre, court sur la place où étaient ses soldats, leur
fond dessus et larde ce qu'il rencontre; il arrêta par cette prompte
attaque le mouvement séditieux. C'était un de ces grenadiers lar-
dés par lui qui était venu le saluer et lui rappeler qu'il l'avait
percé de son épée. « Il lui donna un écu de six francs en lui disant :
Voilà pour te consoler, mais tu étais coupable. »

III.

Jacques Rast eut cinq enfants : Fleurie, Anne-Marie, Antoine, Jean-Jacques et Mathieu.

La fortune qu'il leur laissa était modeste, ainsi nous l'atteste un partage daté du 5 février 1724, passé entre Jean-Jacques et sa sœur Anne-Marie, en attendant la majorité de leur plus jeune frère Mathieu.

Jean-Jacques donne à sa sœur Anne-Marie, et ce pour intérêt tant de la succession paternelle que de la succession maternelle, la somme de cent livres par an, payable par trimestre. Avec cela, la demoiselle Rast qui devait faire son ménage séparément, avait une chambre dans la maison de la famille avec quelques meubles dont l'énumération ne donne pas l'idée d'un grand luxe : « deux paires de draps, deux vieilles nappes, deux fers à repasser le linge, un coffre-bahut, six assiettes étain, deux assiettes creuses, deux écuelles, une petite salière, le tout en étain ; deux lits complets, six chaises de paille, une petite table pliante... deux tapis, une petite poêle à frire, une paire de pincettes et un pot de fer. »

1. — FLEURIE RAST mourut probablement très jeune. Son existence et sa mort sont seulement accusées par un partage entre Jean-Jacques, Anne-Marie et Mathieu. Partage en date du 2 mai 1738.

2. — ANNE-MARIE RAST, dont nous avons dit plus haut la maigre situation, naquit à la Voulte le 25 février 1694. Elle fut mariée le 20 août 1725 à Antoine Valentin, marchand tanneur, dont elle eut quatre enfants.

3. — ANTOINE RAST, né le 30 septembre 1696, mourut lieutenant

à l'âge de 17 ans, à la suite de blessures reçues au siège de Barcelone en 1714 (1).

4. — Jean-Jacques RAST naquit à la Voulte le 29 août 1698. Il eut pour parrain son oncle Jean-Baptiste, alors capitaine, ainsi que le mentionne l'acte de baptême.

« Il fit, comme il le dit lui-même dans son mémoire, toutes ses humanités et ses deux années de philosophie au fameux collège de Tournon avec la distinction de faire deux fois deux classes dans un an (2). »

Il alla ensuite à Montpellier faire les trois années d'études de médecine (1718, 1719 et 1720) requises par un édit de 1707. Là il subit sans aucun échec les 17 examens que l'université exigeait. Durant le cours de ses six derniers mois d'étude, il fut nommé premier conseiller de l'Université, et reçut le bonnet de docteur.

Docteur, Jean-Jacques resta deux ans près d'un professeur de Montpellier pour étudier la pratique. Il suivit et fréquenta ensuite les hôpitaux d'Avignon et de Lyon pendant près de trois ans.

Puis il vint à Paris où durant plus de quatre ans « il fréquenta les écoles de médecine, le collège royal de Cambrai, les démonstrations des plantes et d'anatomie, et tous les hôpitaux de la capitale ».

De retour dans son pays, Jean-Jacques exerce d'abord la médecine à la Voulte. Puis il vient se fixer à Lyon où il a de nombreux parents.

Là il ne tarde pas à se faire recevoir agrégé au Collège de médecine, et à partir de ce moment il voit sa réputation augmenter de jour en jour.

---

(1) Mémoire du médecin Jean-Jacques.

(2) Mémoire du médecin Jean-Jacques Rast.

Jean-Jacques rédigea ce mémoire vers 1750, pour se justifier de l'imputation à lui faite d'avoir suborné un de ses malades. On retrouve là des détails très précieux tant sur la vie de J.-J. que sur la famille Rast.

Successivement, il est médecin de l'hôpital de la Charité, médecin de la ville de Lyon, juge et commissaire à la chambre de santé, bourgeois de Lyon (1).

Voici l'énumération que Jean-Jacques, dans son mémoire, donne de ses titres et qualités :

« Noble (2) Jean-Jacques Rast de Maupas, conseiller, médecin du Roy, juge-commissaire et seul médecin de la ville de Lyon en la chambre du Bureau de santé, en l'hôpital général de la Charité, docteur en médecine de l'Université de Montpellier, professeur agrégé et syndic du collège des médecins de Lyon, commis aux rapports en justice, préposé à la réception des maîtres chirurgiens, député de sa compagnie aux assemblées et réceptions des maîtres apothicaires, bourgeois de la ville de Lyon par arrêt de Sa Majesté, etc. »

Jean-Jacques Rast épousa, probablement à la date du 26 octobre 1722, Claudine Demeure, fille de Jean Demeure et de Louise Muget, habitants de la Voulte (3). Nous ne possédons pas son con-

(1) « Les étrangers qui viennent s'établir à Lyon, ne jouissent du droit de bourgeoisie et des privilèges qui y sont attachés, qu'après qu'ils se sont fait inscrire sur les registres de la ville, qu'ils ont donné une déclaration de leurs biens et qu'ils ont dix années consécutives de résidence dans cette ville, pendant 7 mois au moins de chaque année. C'est ce qui résulte de la déclaration du 6 août 1669 et des arrêts du Conseil des 20 mai 1665, 15 juin 1688, 27 août 1697 et 4 mai 1728. » (*Répertoire de jurisprudence* de Mᵉ Guyot. Paris, 1784.)

(2) Il ne faut point se méprendre sur le sens de cette qualification donnée à Jean-Jacques dans tous les actes authentiques où il figure. Dans le Lyonnais, comme dans plusieurs autres provinces, l'épithète « noble » s'employait pour désigner les personnes *vivant noblement*. Les titres d'écuyer, chevalier, etc... caractérisent seuls la qualité nobiliaire des personnes.

(3) Jean-Jacques écrit dans son mémoire : « La famille Demeure fut qualifiée noble par le roi Louis XIII au siège de la Rochelle. (Voy. Mémoires de Pontis.) » Jean Demeure était bourgeois et premier consul de la Voulte. Louise Muget était fille de Louis Muget, percepteur des fermes unies de Sa Majesté au bureau de la douane établi à la Voulte (contrat de mariage de Jean Demeure et Louise Muget, 26 janvier 1685). Un neveu de Claudine Demeure et de son nom, mourut à Paris en 1783 chevalier de Saint-Louis et gouverneur des pages de M. le duc d'Orléans, après avoir servi dans les mousquetaires. (Mémoire de M. Rast-Desarmands.)

trat de mariage. Un extrait de célébration de mariage délivré en 1741, fixe la date du mariage de Jean-Jacques au 26 octobre 1723, ce qui doit être inexact, car nous avons deux extraits de naissance authentiques touchant Jean-Jacques Rast, fils aîné dudit Jean-Jacques. Ces deux extraits tirés, l'un en 1745, l'autre en 1793, fixent tous deux la naissance du fils légitime de Jean-Jacques au 28 octobre 1723.

Jean-Jacques vint mourir au pays natal. Pensionné par la ville de Lyon, il habitait tantôt chez son fils aîné, juge général de la ville et du comté de la Voulte, tantôt chez son gendre de Belin de Laréal, seigneur du Pouzin. Il mourut chez son fils, au château de la Voulte, à 75 ans, le 5 juin 1773.

Dans son dernier testament, le médecin dispose en faveur de ses enfants d'un mobilier qui n'est pas sans valeur.

Il donne et lègue à Jean-Jacques, juge à la Voulte, sa légitime sur ses biens, et en outre sa canne à pomme d'or, son cachet d'argent à trois faces, son grand bureau, tous les tableaux de famille à grande ou à petite bordure. Cet héritier devra tenir compte à la succession de tous les meubles et effets apportés chez lui par le testateur : « comme lits, chaises, fauteuils, sophas, tapisseries, portières, rideaux de fenêtre, miroir, trumeau qui est dans la salle à manger, effets de cuisine, buffet, tables de toute espèce, fontaine, nappe d'étain, et plus principalement toute l'argenterie consistant en un huilier avec ses deux couverts de carafe, deux cuillers à soupe à mes armoiries ou à celles de ma femme, douze couverts, deux cuillers à ragoût et une cuiller à olives, six cuillers à café, quatre salières à la dernière mode dont deux couvertes, une salière ou ménagère ovale à deux couverts, deux chandeliers aussi d'argent, un pot à l'eau à bec pointu, un autre grand très fort et pesant à bec boutu..., cent jetons du clergé et trente ou quarante de notre collège de médecine; enfin du linge tant de table qu'autre... »

Il donne et lègue à Jean-Mathieu Félix Rast dit *de Flacieu*, et, dans les finances où il est, *Desarmands*, sa légitime telle que de droit, et entre autre « tout son linge et toutes les nipes en quoy qu'elles puissent consister ».

Il donne et lègue à Jean-Baptiste-Antoine Rast sa légitime... plus le domaine de Flacieu en quoy qu'il puisse consister, caveau, bestiaux, meubles... plus quelques morceaux de terre ou pré.

Il donne et lègue à Jean-Louis Rast le domaine des Granges en quoy qu'il puisse consister, caveaux, bestiaux, cuves, pressoirs, meubles, etc.

Et nomme enfin ses deux fils Jean-Louis et Jean-Baptiste Antoine ses cohéritiers pour se partager le reste de son hoirie et en acquitter les charges, les legs, ou légitimes.

Il donne à Marie-Antoinette Rast sa légitime, et lui laisse en outre pour dernière et nouvelle marque de son amitié son pot à eau d'argent à bec pointu et à ses armoiries et sa théière d'argent aussi...

Il donne et lègue encore à Claudine-Charlotte Rast sa petite-fille, après la mort de Claudine Demeure sa marraine, son écuelle d'argent et son couvert à ses armoiries; et à sa petite-fille, fille unique de son fils le médecin et de demoiselle Dupont, il laisse une petite bague de la valeur de deux louis.

Jacques Rast avait épousé Marie-Anne de Perret, qui avait pour mère Fleurie Maury. Fleurie Maury était donc la grand'mère maternelle du médecin Jean-Jacques. C'est par cette grand'mère maternelle que Jean-Jacques était cousin des Rolin et des Dalbepierre dont nous possédons certains portraits.

Par testament du 18 décembre 1759 et codicilles des 18 décembre 1760, 19 décembre 1761, 20 janvier et 18 septembre 1762, déposées chez Me Lécuyer, notaire à Paris, Jean Rolin, écuyer, conseiller secrétaire du roi, maison, couronne de France, et de ses finances, doyen de sa compagnie, avait institué comme légataire universel Jean Dalbepierre, son cousin issu de germain paternel, et comme légataire particulier noble J.-J. Rast de Maupas (1).

Ce legs portait en entier sur des valeurs mobilières, chose assez curieuse pour l'époque. On ne connaissait guère alors d'autre placement de fonds que les rentes constituées ou foncières, et encore dans une faible proportion comme le traduit le vieil adage : *res mobilis, res vilis.*

Jean Rolin léguait à son cousin Jean-Jacques : 1° un billet de 2,400 livres consenti par ledit sieur Rast en faveur dudit défunt sieur Jean Rolin, le 21 août 1758. — 2° L'original d'une promesse sur la compagnie des Indes au principal de mille livres, numéro 8955, garnie d'un coupon de 25 livres pour les arrérages des six derniers mois de la présente année. — 3° La grosse d'un contrat, passé devant Me Lescuyer notaire à Paris, le 5 mai 1762, portant constitution de 200 livres de rente au principal de 4,000 livres sur les états de Languedoc, au profit du sieur Jean-Baptiste Dalbepierre qui en a fait déclaration en faveur dudit feu sieur Rolin, par acte du même jour.

En outre, il est dit dans l'acte de décharge, que le sieur Jean Dalbepierre, exécuteur testamentaire, a déjà remis pour ledit sieur Rast à monsieur son fils, garde du corps de sa Majesté, « le petit plateau porcelaine garni en bordure d'argent avec trois pièces de même et la sonnette d'argent, servant d'écritoire, légué par ledit feu sieur Rolin ».

Item « ledit sieur Dalbepierre, a remis dès le 8 mai dernier pour ledit sieur Rast audit sieur son fils garde du corps de sa Majesté, les cinq contrats de tontine qui appartenaient audit Rast. Ce dernier les avait pris, l'un sur la tête de madame son épouse

---

(1) Décharge donnée par J.-J. au sujet des legs de cette succession. — Lyon, 10 novembre 1763.

et les quatre autres sur celle de quatre de ses enfants, et les avait
remis audit feu sieur Rolin pour en percevoir les arrérages ».

Jean Rolin en instituant Jean-Jacques son légataire nous prouve
que les relations du médecin avec ses cousins maternels devaient
être assez suivies.

Nous possédons du reste une lettre adressée à « Monsieur de
Rast, garde du roy, chez M. Rolin doyen des secrétaires du roy, rue
des Vieux-Augustins, à Paris ». Jean-Jacques, fils aîné du médecin,
demeurait peut-être chez son parent.

Il se peut que, par la suite, Jean Dalbepierre ait laissé au moins
une partie de son mobilier à ses cousins Rast, car nous sommes en
possession de son portrait, comme de celui de Jean Rolin, et de
deux autres personnages du même nom, Marcelin Rolin, et dom
Rolin.

Jean Rolin, est celui dont nous venons d'analyser les dispositions testamentaires au profit de Jean-Jacques Rast, médecin.

Le médecin, dans son mémoire, l'appelle « écuyer, conseiller
du roy, secrétaire de la grande Chancellerie ».

Il fut, nous dit M. Rast Desarmands, secrétaire du roi en 1716,
syndic en 1753, doyen vers 1759. Le père de Jean Rolin avait
possédé la même charge de secrétaire du roi et était au temps de
Jean-Jacques Rast capitaine de son quartier, rue Mercière (1).
(Mémoire du médecin.)

(1) Dans le répertoire de Guyot nous trouvons les renseignements suivants sur la
charge de secrétaire du roi.

« C'est, dit-il, un office établi pour signer les lettres qui s'expédient dans la grande et
dans les petites chancelleries, et pour signer les arrêts et mandements émanés des
cours souveraines... Ils peuvent aussi être envoyés avec les gouverneurs de provinces,
chefs d'armées, ambassadeurs et fermiers généraux des finances, pour donner avis sur
tout ce qui se passerait. Cette charge est fort ancienne et remonte par son origine
commune avec les notaires du roi, à Childebert roi de Paris.

Le nombre des secrétaires du roi a beaucoup varié. Sous le roi Jean en 1359 on en
comptait cent quatre. Louis XI par un édit du mois de juillet 1465 les réduisit à
soixante. A la fin du dix-huitième siècle il y en avait trois cents. On les appelait secré-

Marcelin Rolin, oncle de Jean, fut abbé général de MM. les chanoines réguliers de St-Ruf. Il mourut en 1720, âgé de soixante-dix ans (1).

Dom Rolin, frère de Jean, fut chartreux à Lyon.

Jean Dalbepierre, cousin germain de Jean Rolin et son secrétaire, fut aussi, comme nous l'avons vu, son exécuteur testamentaire.

5. — Le plus jeune et le dernier des enfants de Jacques Rast fut :

MATHIEU RAST. — Né à la Voulte le 25 décembre 1701, Mathieu fut négociant à Lyon et échevin de cette ville durant les années 1776 et 1777 (2). Marié à Simone Simon il eut sept enfants dont la plupart furent comme leur père négociants en soie. Sa fille aînée fut mariée à un négociant du nom de Berger, dont les descendants existent encore à Lyon.

Son portrait en échevin fut fait en 1777. On a de lui des jetons

taire du roi, maison, couronne de France et de ses finances — ou secrétaires du roi à la grande chancellerie — ou secrétaire du roi du grand collège.

Les secrétaires du roi furent érigés en collège par le roi Jean au mois de mars 1350.

Le roi était le chef du collège des secrétaires (édit de novembre 1482).

La charge de secrétaire du roi annoblissait et donnait droit à de nombreux privilèges.» (Guyot, *Répertoire de jurisprudence,* Paris, 1784.)

La Bruyère, voulant dire qu'il était facile à son époque, de devenir noble pourvu qu'on eût le moyen d'acheter une charge qui conférât cette qualité, dit dans ses Caractères :

« Il y a des gens qui n'ont point le moyen d'être nobles » (De quelques usages, § 1). L'auteur, par une note qui ne fut insérée que dans les premières éditions de son ouvrage, déclarait viser spécialement dans cette phrase la charge de secrétaire du roi. Mais les offices de secrétaire du roi n'étaient point les seuls qui rendissent nobles ceux qui les achetaient. Aussi la Bruyère effaça la note. Lui-même prit le titre d'écuyer dès qu'il eut acheté une charge de trésorier des finances. (Voy. Caractères de la Bruyère. *Les Grands Écrivains de France.* Édit. Hachette 1885 .)

(1) Mémoire du médecin et note de M. Desarmands.

(2) L'échevin était un officier en titre ou élu par les bourgeois, pour avoir soin de la police et des affaires communes d'une ville pendant un certain temps. Les fonctions des échevins ne duraient que deux ans. A Paris il y avait quatre échevins, on en créait deux nouveaux chaque année. (*Répertoire de jurisprudence,* par Me Guyot, tome VI, Paris, 1784).

d'argent portant : au droit, ses armes avec à l'entour : *noble Mathieu Rast échevin de Lyon*, et en exergue : 1776; au revers, les
armes de la ville de Lyon flanquées en côté des figures allégoriques
du Rhône et de la Saône.

Le premier de ses fils : *Jacques-Joseph Rast*, né le 17 novembre
1736 embrassa l'état ecclésiastique et fut avant la Révolution chanoine de Saint-Paul de Lyon. Nous empruntons ici quelques détails sur sa vie à une notice nécrologique imprimée à Lyon, chez
Ballanche (1) :

« L'abbé Rast ne se cacha pas pendant la Révolution et fut ou-
vertement le soutien des malheureux, le père des pauvres, le ministre courageux d'une religion persécutée.

« Un jour on assaillait sa maison; une troupe forcenée deman-
dait sa tête. Il se présente à sa fenêtre : « Mes amis, dit-il à ces fu-
rieux, vous voulez ma tête? Eh bien! attendez; je descends, je
suis tout prêt. » Ces paroles, prononcées avec une douceur qu'on ne
peut exprimer, calment les esprits et dissipent la foule comme par
enchantement.

« Une autre fois, il était poursuivi : « A la rivière! Jetons-le à
la rivière, » criait-on de toutes parts. Il se retourne avec bonté et
en souriant : « Mes amis, leur dit-il, que gagneriez-vous à me
jeter dans la rivière ? » Et il poursuit tranquillement son chemin
sans que personne ose l'approcher.

« Il fut surpris célébrant les mystères en habits sacerdotaux,
et traduit devant les tribunaux. Sa famille, bravant le danger qu'il
y avait à solliciter la grâce d'un tel coupable, fit toutes les démar-
ches possibles pour le sauver. Un de ses juges consentit à s'in-
téresser à lui. On convint des réponses que l'abbé Rast devrait
faire lors de son interrogatoire, et on fit violence à son caractère
pour le déterminer, non pas à souiller sa bouche d'un mensonge,

(1) Notice sur l'abbé J.-Joseph Rast. Lyon, Ballanche, 1816.

mais seulement à ne pas dire toute la vérité. On crut l'avoir gagné. Quels furent l'étonnement et l'effroi de ses amis, lorsque traduit devant ses juges, au lieu des réponses convenues, on l'entendit faire la confession de ce qu'il appelait ses fautes, et reprenant bientôt son caractère et sa dignité, adresser à ceux qui prétendaient le juger les reproches et les exhortations d'un ministre de la religion. Ce qui devait le perdre fit son salut. L'ascendant de sa vertu et l'intérêt que lui portait le juge dont nous avons parlé, et auquel nous rendons un témoignage public de reconnaissance, le tirèrent de ce nouveau danger. Il fut élargi.

« Un jour il est averti qu'il est dénoncé au Comité révolutionnaire. Sans considérer le danger auquel il s'expose, il se présente au club. On lui demande son nom : « C'est l'abbé Rast, s'écrie-t-on de toutes parts, qu'il monte à la tribune ! » Sans se déconcerter, avec la même tranquillité que s'il eût été au milieu des siens, il monta à la tribune et se préparait sans doute à faire une exhortation paternelle, lorsque de nouveaux cris se font entendre : « C'est un brave homme ! c'est un brave homme ! Qu'on lui donne quatre commissaires pour rentrer chez lui. » Et il retourna chez lui accompagné de quatre commissaires.

« Retenu à la campagne par sa famille, deux fois il s'échappe pour revenir auprès de ses pauvres. La seconde fois, il est arrêté, jeté dans les prisons et condamné à la déportation. Il avait heureusement soixante ans ; son âge le mit à l'abri de cette dernière peine.

« Il resta vingt-six mois en prison, toujours édifiant par sa vertu. Plus tard il reprit ses fonctions et s'attacha à la succursale de Saint-Bonaventure qui lui doit en grande partie sa restauration. Son patrimoine, divers héritages, ses meubles, tout ce qu'il possédait a servi à soulager les malheureux. On l'a vu se priver des vêtements les plus nécessaires pour habiller les pauvres ; et lorsque son bien a été entièrement épuisé, la pension alimentaire que lui faisaient ses frères était encore partagée avec ceux qui réclamaient ses secours.

« Il mourut le 17 février 1816 à quatre-vingts ans, entouré de ceux qu'il aimait : sa famille et les pauvres.

« Après sa mort on se disputait la faveur de le voir, de le toucher, d'obtenir la moindre partie des choses qui lui avaient appartenu..... »

IV.

Jean-Jacques Rast eut neuf enfants : Jean-Jacques, Jeanne-Gilette, Marthe, Anne-Louise, Jean-Louis, Jean-Baptiste-Antoine, Jeanne-Simone, Marie-Antoinette et Jean-Mathieu-Félix.

1. — JEAN-JACQUES naquit à la Voulte le 29 octobre 1723 (1).

Il embrassa la carrière militaire et fut garde du corps du roi Louis XV, en la compagnie de Villeroy (2).

Dans son contrat de mariage du 8 octobre 1768, il est qualifié ainsi : « Jean-Jacques de Rast, écuyer, capitaine de cavalerie, gendarme de la garde ordinaire du roi. » Il épousa en effet à cette date Philippe de Blot, fille de M. Jean-Baptiste de Blot, receveur des gabelles à Beauchastel en Vivarais, et de dame Françoise Blandin. La future épouse apportait en dot 20.000 livres.

Chevalier de l'ordre royal et militaire de Saint-Louis, Jean-Jacques se retira à la Voulte, où il exerça la judicature de ses aïeux.

Philippe de Blot mourut le 9 mai 1791, et le 7 avril 1796 Jean-Jacques épousa Claudine Muriau.

C'est à cette seconde femme, que Jean-Jacques, par testament fait à Valence en date du 25 pluviôse de l'an VI, légua « tous les meubles et effets mobiliers de tout genre qu'il laisserait à son décès ».

Or, parmi ces meubles se trouvaient les tableaux de famille que Jean-Jacques Rast, le médecin, avait légués à son fils Jean-Jacques.

A la mort de son mari (26 novembre 1800), Claudine Muriau

---

(1) Acte de naissance, 29 octobre 1723.

(2) Voyez testament de Jean Demeure. Paris, 1er avril 1762. — Contrat de mariage, Lyon, 8 octobre 1768.

invoquant les dispositions testamentaires que nous venons de rappeler, refusa de rendre les portraits de famille à l'aîné survivant des Rast, Jean-Louis, inventeur de la Condition des soies.

Elle promit cependant de les rendre à sa mort. Malgré ces promesses, M. Muriau, son frère et son unique héritier, refusa de restituer les portraits à la famille.

Ce ne fut qu'à la mort de ce dernier, vers 1828, que M. Rast Desarmands, frère et gendre de Jean-Louis Rast (décédé en 1821) obtint de M. Dupin, procureur du roi, neveu et héritier de M. Muriau, la remise des portraits. Ces tableaux lui furent envoyés au Grand-Lucé (Sarthe), avec deux autres (Rabelais, Abraham et Sara), par M. Fuzier son cousin (1) qui se montra, en cette occasion surtout, très dévoué aux intérêts de son parent.

2. — JEANNE-GILETTE-MARGUERITE RAST naquit à la Voulte le 2 juillet 1724.

3. — MARTHE RAST naquit le 2 décembre 1725.

4. — ANNE-LOUISE RAST naquit à la Voulte le 2 décembre 1727.

Ce sont les seuls renseignements que M. Desarmands (2) nous ait transmis sur ces trois enfants du médecin, enfants qui probablement sont mortes très jeunes.

5. — JEAN-LOUIS RAST, le second des fils du médecin, a laissé un nom dans les annales de l'industrie. C'est à lui, en effet, qu'on doit la création et l'établissement à Lyon de la Condition des soies (3).

Né à la Voulte le 26 novembre 1731, il fut destiné à la carrière commerciale. « Il parcourut plusieurs contrées de l'Europe et prit

---

(1) Son cousin par les Valentin.

(2) Note de M. Desarmands.

(3) Voir les articles consacrés à son nom dans les ouvrages suivants : *Biographie universelle*, par de Feller. — *Biographie universelle* de Michaud. — *Nouvelle biographie générale* par Hœfer (Firmin-Didot). — Cf. *Dictionnaire de la Conversation*, v° Condition de la soie.

dans ses voyages le goût de l'histoire naturelle. Étant à Naples pendant une éruption du Vésuve, il s'approcha très près du volcan pour l'observer et peu s'en fallut qu'il ne payât de sa vie son imprudente curiosité. » (De Feller.) C'est aussi dans un de ses voyages qu'il remarqua à Turin une sorte de séchoir pour les soies, d'où il conçut l'idée féconde qui l'amena à mettre au jour la Condition des soies telle qu'il l'établit à Lyon.

Le 2 juin 1779, Jean-Louis Rast adressa à M. le contrôleur général des finances un mémoire dans lequel il développait son système et expliquait ses moyens d'exécution. Le système consistait à soumettre la soie, sans lui nuire, à un point de dessiccation déterminé. Les moyens tendaient à obtenir une chaleur égale et continue, élevée au degré nécessaire pour le développement du ver à soie. Et pour qu'il ne manquât rien au succès d'une semblable entreprise, M. Rast proposait l'adoption d'un règlement plein de prévoyance et de sagesse, dont les résultats permettaient, d'une part cette uniformité si désirable par rapport à la dessiccation, d'autre part une fidélité à toute épreuve pour la conservation du dépôt.

(Ce règlement était, dès 1780, tellement parfait dans toutes ses dispositions, qu'il fut en entier et textuellement inséré dans le décret spoliateur du 23 germinal an XIII.)

La chambre de commerce de Lyon, consultée par le ministre au sujet de ce projet, déclara qu'elle regardait la Condition « comme inutile dans son objet, comme pernicieuse dans ses conséquences » et crut pouvoir ajouter « comme impraticable dans son exécution » (1).

Cependant Jean-Louis communiqua son projet et son règlement aux principaux négociants de Lyon, aux fabricants de soie du Vivarais, du Dauphiné, de la Provence. Tous l'approuvèrent, y

(1) Mémoire pour les demoiselles Rast-Maupas. Lyon, 1830, imp. Barret, p. 8.

applaudirent et pressèrent le sieur Rast de le mettre à exécution. Les négociants et fabricants de Lyon et des provinces voisines, adressèrent même des requêtes à M. le Directeur général
des finances, pour solliciter l'exécution du projet présenté par le
sieur Rast. Encouragé par le vœu général, celui-ci fit une seconde
démarche, cette fois, non plus auprès du gouvernement, mais près
du consulat de Lyon.

Il proposait de faire de la Condition un établissement public et
municipal. Le consulat rejeta cette généreuse proposition.

Jean-Louis, malgré ces contre-temps, n'abandonna pas son
idée, et réduit à ses propres forces, il résolut de créer à ses ris-
ques et périls une Condition des soies.

Il avait du crédit, il acheta un vaste emplacement. Là il fit
construire des salles voûtées, dans lesquelles il plaça des poêles
dont les tuyaux s'entrecroisant, portaient vers tous les points une
chaleur égale. Des thermomètres placés à certaines distances ser-
vaient d'indicateurs pour maintenir une température uniforme.
Autour des salles étaient distribuées isolément, des caisses d'une
hauteur de six pieds, closes par un treillis. Chacune de ces caisses
contenait plusieurs tiroirs également grillés et espacés, de façon
qu'on pût y ranger la soie par couches et la livrer à l'action de l'air
circulant au travers de toutes ces cages. Le tout fermait avec des
cadenas dont la clef restait entre les mains de M. Rast. D'un autre côté le propriétaire qui déposait ses ballots de soie dans la
Condition, apposait un scellé qu'il venait reconnaître et lever lui-
même. Ainsi, une sécurité parfaite concourait à ajouter aux moyens
de perfection et d'utilité obtenus par l'inventeur.

Et quand nous disons *inventeur*, nous ne perdons pas de vue
que c'est à Turin que M. Rast conçut l'idée de l'établissement qu'il
créa à Lyon. Mais, à Turin, le procédé était des plus rudimentaires
et n'offrait aucune sécurité. Dans une pièce chauffée à des degrés

toujours variés on appendait sur des chevilles placées çà et là
les matteaux de soie dont on voulait diminuer l'humidité. Aucunes
précautions n'étaient prises ni pour empêcher le mélange des
matières, ni pour prévenir les vols, ni pour obtenir un degré fixe
de dessiccation. Au sein de ce désordre, les abus dominaient et
rendaient nuls les avantages.

Et quelque temps après que M. Rast eut ouvert son établissement, le commerce de Turin jugea bien qu'il n'avait qu'une ébau-
che informe d'une véritable Condition. Il envoya en effet deux
commissaires à Lyon pour lever les plans, reconnaître les modèles,
copier les procédés et les règlements de la Condition de M. Rast (1).

Grâce à l'énergique persévérance de notre inventeur, on apprit
bientôt avec étonnement, quelle quantité d'eau les fabricants
avaient jusqu'alors achetée pour de la soie.

Grande fut la surprise des mouliniers lorsqu'ils apprirent qu'une
chaleur constante de 18 à 20 degrés, qui n'altérait point la qualité de la soie, lui enlevait durant une exposition de 24 heures,
7, 8, et jusqu'à 9 livres d'eau par quintal. Les sieurs Grel frères
de Chomerac accoururent les premiers à Lyon, essayèrent quatre
ballots, en comptèrent eux-mêmes les matteaux, firent peser la
soie en leur présence, suivirent l'opération dans tous ses détails
et retrouvant un déficit de 7, 8 et 9 livres par quintal, ils ne
doutèrent plus alors de la réalité du résultat. Il fallut se soumettre
à l'évidence, et après d'autres débats et de nouvelles preuves, ce
résultat fut universellement reconnu.

On voit de suite l'utilité de la Condition et le bénéfice considérable que cet établissement procura à la fabrique. Ce bénéfice était
ainsi supputé dans le premier mémoire imprimé au nom de Jean-
Louis Rast :

« On consomme chaque année 15 à 1800 ballots qui, au poids

(1) Mémoire pour les demoiselles Rast-Maupas, p. 18.

commun de 150 livres font plus de 27000 quintaux. Les 5 % de différence qui se trouvèrent à l'avantage de la fabrique par le procédé
du sieur Rast ont prouvé qu'on avait jusqu'alors payé annuellement 1300 quintaux d'eau pour 1300 quintaux de soie, et ces
1300 quintaux à un prix commun de 3000 francs le quintal, s'é-
levaient à la somme énorme de quatre millions ou à peu près (1). »

Cependant un établissement si utile, ne remboursait pas Rast-
Maupas des frais qu'il avait dû faire pour le créer et qu'il devait
faire pour l'entretenir. Les habitudes, les intérêts particuliers ne
laissèrent pas d'abord prendre toute l'extension possible. D'ailleurs,
comme le fait remarquer Jean-Louis lui-même, cet établissement
était nécessairement borné quant à l'étendue de son action.

« En effet, dit-il, on ne peut conditionner à Lyon que les ballots qui entrent dans cette ville; il y aurait vingt Conditions qu'on
ne conditionnerait pas un ballot de plus.

« Or il peut entrer à Lyon 10 à 12,000 quintaux de soie par an;
c'est un fait reconnu, même dans le temps de la splendeur de la
fabrique, et il est certain qu'il n'en passe pas la moitié à la Condition :

« 1° Parce que ce dépôt n'est pas, et ne peut pas être obligatoire;

« 2° Parce que souvent, l'acheteur et le vendeur traitent de gré à
gré sur l'humidité que peut avoir la soie.

« 3° Parce qu'un acheteur prenant à la fois trois ou quatre ballots
ou davantage de la même qualité, on s'accorde presque toujours
à n'en conditionner qu'un, dont la diminution doit servir de règle
pour les autres. Ainsi, si la quantité de soie qui sera placée annuellement à la Condition arrive rarement à 5 ou 6,000 ballots, comme
on vient de le prouver, et comme tous mes registres anciens le
prouveront encore, ce serait à 3 livres environ chacun, une somme
au plus de 15 à 18,000 francs de recette. (On ne paie que 6 deniers

_____

(1) Mémoire pour les demoiselles Rast, p. 7 et 8, note.

par livre de soie, un sou par kilogramme.) Qu'on évalue à présent les frais d'un loyer considérable, d'un feu de bois qui dure presque toute l'année dans deux ou trois poêles, ceux de trois commis, de deux domestiques, les faux frais, etc., il est facile de calculer ce qui restera de profit (1). »

Toutefois, si M. Rast ne parvenait point à couvrir ses frais, il ne se décourageait point. Il avait foi dans l'avenir de son invention, il comptait moissonner plus tard.

Sur ces entrefaites, la Révolution éclata. On sait quel contrecoup et quels malheurs elle occasionna à Lyon. En 1793, pendant le siège de cette ville, Rast figura dans les assemblées et les comités qui organisèrent la résistance et signa un papier monnaie que la ville fut forcée d'émettre pour subvenir à ses dépenses.

« La révolution, dit de Feller en parlant de Rast, lui enleva une grande partie de la fortune qu'il devait à son intelligence et à son travail soutenu. Il ne craignit pas d'en compromettre le reste en garantissant par sa signature les bons de subsistances militaires des Lyonnais insurgés contre la Convention (2). »

Après la triste issue du siège, Rast fut compris dans les listes de proscription. Mais il évita la mort par la fuite, traversa, non sans bien des dangers, la France du midi à l'ouest, et vint se réfugier chez son frère, au Mans.

Le séquestre de ses biens et la spoliation de son mobilier furent les suites de sa disparition.

Le 9 thermidor an II (27 juillet 1794) qui vit cesser la persécution, permit à Rast de rentrer à Lyon. Mais ce ne fut encore qu'avec beaucoup de peine, et grâce aux sollicitations les plus pressantes du commerce, qu'en frimaire an III (décembre 1794), il

---

(1) Lettre à Son Excellence le citoyen Chaptal, ministre de l'intérieur. — Paris, 17 pluviôse an XII, imprimerie de Mallé.

(2) De Feller, *Biographie universelle.*

obtint avec la levée des scellés de rentrer dans son domicile dévasté.

A la date du 15 frimaire de l'an III, une pétition fut en effet adressée aux représentants du peuple de Lyon, par les négociants en soie de cette ville. Cette pétition qui s'autorisait de quarante-neuf signatures réclamait « la prompte levée des séquestres du citoyen Rast-Maupas, levée qui procurera la jouissance d'un établissement dont on ne peut plus se passer (1). »

Jean-Louis Rast reprit sa tâche avec ardeur et remonta promptement son établissement. Mais ses efforts n'aboutirent point cette fois encore à un plein succès. Le commerce languissait en effet, les étoffes de soie n'entraient plus dans les vêtements des Français, nos relations avec l'étranger étaient interrompues. Cet état d'inaction dura jusqu'en l'an V ou VI (1797 ou 1798). Vers cette époque, un habitant de Lyon parut vouloir former un établissement semblable à celui de M. Rast. Jean-Louis réclama contre une pareille entreprise et fit valoir ses droits d'inventeur et de fondateur. Ce fut alors, qu'il obtint du Gouvernement un brevet d'invention sous la date du 8 prairial en VIII (28 mai 1800), avec jouissance exclusive pendant quinze années.

Ce ne fut pas sans peine que M. Rast obtint ce brevet. « Lorsqu'il le demanda, nous dit son fils, ses adversaires accoururent à Paris pour s'opposer à ce qu'il lui fût délivré. Cette opposition fut renvoyée au bureau consultatif placé près du ministère pour la résolution des questions compliquées; le sieur Rast y fut appelé, entendu contradictoirement avec ses adversaires, et le brevet lui fut accordé (1). »

Cependant ce brevet octroyé sur la certitude acquise que le sieur

(1) Lettre à son excellence le citoyen Chaptal. Pièces justificatives, nº 6.
(2) Observations pour le sieur Rast-Maupas, par Frédéric Rast son fils. — 31 août 1820. Lyon, imprimerie Ballanche.

Rast était inventeur et créateur des procédés pour la dessiccation des soies, n'arrêta point les entreprises cupides. Successivement, trois établissements rivaux et semblables se formèrent à Lyon.

Rast, son brevet à la main, réclama en justice contre ces entreprises illicites et injustes. Mais la chicane s'arma contre lui, et pendant les débats, il se forma un autre projet qui mit le comble à sa spoliation et à sa ruine.

Le sieur Rast, appuyait sa réclamation contre les établissements formés à l'instar du sien sur la nécessité d'une seule Condition publique, et l'opinion générale reconnaissait le bien-fondé de ce motif.

L'ambition, la cupidité, la haine politique, saisissant ce même motif et s'autorisant de l'intérêt municipal, parvinrent à obtenir le 23 germinal an XIII (13 avril 1805), un décret de Napoléon, par lequel Rast fut dépouillé de sa propriété et celle-ci transmise à la ville de Lyon. Pour donner une apparence de justice à cet acte vexatoire, le décret accordait au malheureux inventeur 9,000 francs payables en six années, à raison de 1,500 francs par an. Et sans tenir compte du droit exclusif de M. Rast à une indemnité, on donnait pareille somme aux envahisseurs de sa découverte, alors qu'au lieu d'être récompensés, ils eussent mérité d'être punis.

Ce décret du 23 germinal an XIII fut critiquable dans son but et absolument injuste dans sa forme.

Critiquable dans son but : « La Condition des soies, comme l'observe M. Frédéric Rast, concédée à un particulier, n'en restait pas moins un établissement public. On pouvait le soumettre à l'inspection d'un commissaire du gouvernement, et alors il n'était pas moins public que la Banque de France qui n'est qu'un privilège accordé à des particuliers. Voulait-on exiger du sieur Rast un cautionnement? Son privilège ressemblait à beaucoup d'égards à celui d'un notaire ou à celui d'un agent de change, hommes publics, ayant un caractère public, quoiqu'ils ne doivent compte qu'à eux-mêmes des revenus de leur profession. Ainsi donc, soit que l'établissement restât le domaine de son fondateur, soit qu'il devînt celui de l'administration publique, il y avait similitude complète : mêmes procédés, même étendue d'action, même règlement, même surveillance, enfin même avantage, même sécurité pour le commerce. Une seule différence a été introduite : c'est que les revenus de l'établissement ont changé de propriétaire; et voilà ce qui importait fort peu au commerce. Il est évident, que quel que soit le prétexte spécieux d'intérêt public dont on veuille couvrir la spoliation du sieur Rast, cette mesure n'a obtenu d'autre résultat en définitive, que de détourner au profit d'une administration, les revenus d'un particulier. »

Mais ce décret est aussi et surtout absolument injuste dans sa forme :

« La nécessité de confier la Condition unique à l'administration publique fût-elle prouvée, le sieur Rast, se trouvait dans le cas d'un particulier dont on prend la propriété pour cause d'utilité publique. Il ne pouvait être dépouillé sans une indemnité préalable, contradictoirement discutée et réglée. — Art. 545 du Code civil : « Nul ne peut être contraint de céder sa propriété si « ce n'est pour cause d'utilité publique et moyennant une juste et « *préalable* indemnité. » Faute de ce préliminaire prescrit par nos codes, on ne trouve là qu'une usurpation d'autant plus odieuse qu'elle semble voilée de la majesté des lois » (1).

On n'a pas oublié du reste, que le brevet d'invention accordant quinze années de jouissance, était du 28 mai 1800; le décret de spoliation est du 13 avril 1805.

« Le sieur Rast, comme l'observe M. Desarmands, a donc joui

(1) Observations pour le sieur Rast-Maupas, par F. Rast son fils. — Lyon, Ballanche, 1820.

moins de cinq ans de sa découverte et il ne faut pas perdre de vue que le commerce des soieries de Lyon n'a réellement repris avec une certaine activité que vers 1805. Jusque-là, l'inventeur n'avait tiré de son établissement que les frais annuels au plus; sans pouvoir se couvrir de ses premières mises ni des pertes que lui avaient occasionné les résultats du siège et la nécessité de sa fuite. Cette assertion est d'autant plus fondée, que pendant les mêmes cinq années, plusieurs établissements frauduleux s'étaient formés à l'instar de celui de M. Rast, privant ainsi ce dernier d'une forte partie de la recette sur laquelle il pouvait compter (1).

Jean-Louis ainsi dépossédé, ne cessa plus jusqu'à la fin de sa vie, de réclamer une indemnité pour les dix années de jouissance que le décret de germinal an XIII lui avait enlevé.

En septembre 1819, il publia à Lyon un mémoire à l'appui de la demande qu'il adressa à ce sujet au roi Louis XVIII.

La Chambre de commerce de Lyon, consultée par le ministre, chercha dans son rapport à combattre les motifs sur lesquels le sieur Rast se fondait, en concluant cependant à ce qu'il lui fût alloué un dédommagement.

« La Chambre, y est-il dit, se voit donc, quoiqu'à regret, forcée de refuser un avis favorable à la nouvelle demande d'indemnité présentée par M. Rast-Maupas, mais elle est très empressée à proclamer les droits de cet excellent citoyen à la reconnaissance publique, et en sollicitera volontiers pour lui un témoignage utile.

« Oui, sans doute, M. Rast-Maupas a toujours fait preuve de zèle et de talent pour se rendre utile à ses concitoyens, et dans la société d'agriculture, et dans les conseils de commerce.

« Oui, dans sa longue et honorable carrière, il a toujours été occupé du bien public et a rendu d'importants services.

« Oui, c'est lui qui le premier a importé de Turin à Lyon l'idée

(1) Note de M. Rast-Desarmands.

d'une Condition pour les soies et il a perfectionné les procédés qu'employaient avant lui les Piémontais qui à leur tour ont profité de ses perfectionnements, comme en ont profité toutes les villes de France où se sont successivement établies des Conditions pour les soies, et qui en doivent ainsi que nous de la reconnaissance à M. Rast.

« Mais, si la Chambre est d'accord avec M. Rast-Maupas lorsqu'elle proclame le service essentiel rendu par lui aux manufactures de Lyon et au commerce des soies en France, elle ne saurait s'accorder avec lui sur les calculs d'après lesquels il évalue l'importance de ce service..... (1). »

En fin de compte la Chambre de commerce émettait le vœu suivant :

« Qu'il soit offert à M. Rast-Maupas ou à ses ayant-cause en témoignage de la reconnaissance publique une somme de 25,000 fr. payables au plus tôt en 1835 et jusque-là sans intérêts, à prélever sur les premiers produits libres de la Condition publique des soies (2). »

Il faut savoir, en effet, que la ville de Lyon avait emprunté pour construire le local qu'elle affecta à la Condition des soies. La Chambre tenait, comme c'était justice, à ce qu'on ne disposât pas des produits de la Condition, avant l'entier amortissement de l'emprunt qu'elle pensait devoir être liquidé à la date *maximum* de l'année 1835.

Rast poursuivit ses réclamations. En 1820, malgré son grand âge (89 ans), il publia par les soins de son fils un mémoire en réponse aux observations de la Chambre de commerce.

Il y établit « contradictoirement à l'opinion de la Chambre qu'avec des droits à une récompense comme premier auteur de

---

(1) Observations pour le sieur Rast-Maupas, p. 13, 14, 15.
(2) Mémoire cité ci-dessus, p. 20.

toutes les Conditions de France, il a le même droit à une indemnité comme dépossédé illégalement de l'établissement primitif
qu'il avait formé malgré tant d'obstacles et de périls (1). »

Sur ces entrefaites la mort vint frapper Jean-Louis, qui mourut
peu de temps après avoir eu la suprême douleur de fermer les yeux
à son fils Frédéric, le seul héritier de son nom.

Jean-Louis Rast-Maupas mourut à Lyon le 27 mars 1821. Il fut
enterré au cimetière de Loyasse dans un terrain acheté à perpétuité
par les soins de Mme Rast-Desarmands, sa fille. « Emplacement.
situé près de la ligne circulaire destinée aux tombes sépulcrales,
dans le carré correspondant au n° 7 de la ligne également circulaire affectée aux tombeaux, la quatrième place en dehors (2). »

Selon ses dernières volontés, Rast-Maupas fut couché dans la
tombe avec deux exemplaires de ses imprimés et de ses réclamations.

« Je désire aussi, avait-il dit, que l'on mette dans mon tombeau
deux exemplaires de mes imprimés, ils serviront de preuves si
on en a besoin.

« Tout cela rappellera à mes descendants les traverses que j'ai
essuyées, ma constance à les supporter pendant quarante ans, et
leur procurera, je l'espère, une protection que je crois avoir méritée
par mon amour pour mon roi et mon attachement à ma pa-
trie (3). »

Les réclamations de Jean-Louis furent continuées, au nom de
ses petites-filles, par M. Lafabrègue, tuteur des jeunes enfants que
la mort de Frédéric Rast avait laissées orphelines. M. Lafabrègue
rédigea en 1830 un mémoire, où il reprit et exposa à nouveau toute
la question (4).

(1) Observation par le sieur Rast-Maupas, p. 23.
(2) Concession de la ville de Lyon, 28 mars 1821.
(3) Lettre pour ses enfants et héritiers à lire au moment de sa mort.
(4) Mémoire pour les demoiselles Rast-Maupas, Lyon, imprimerie Barret, 1830.

Ce dernier effort n'aboutit pas mieux que les précédents : la Chambre de commerce de Lyon et le gouvernement s'en tinrent au vœu formé en 1819, par lequel on accordait à M. Rast-Maupas ou à ses ayant-cause 25,000 francs payables sans intérêt en 1835. Ce fut cette somme qui finalement fut attribuée à titre de récompense nationale et quasi d'indemnité, aux descendants de l'inventeur de la Condition des soies (1).

L'activité de M. Rast-Maupas ne se borna pas à la création d'un établissement aussi utile que celui qu'il fonda à Lyon. Il inventa encore un procédé pour appliquer l'or et l'argent sur les étoffes et pour les peindre à la manière des Chinois. Ses échantillons et un mémoire détaillé furent déposés par lui au Conservatoire des arts et métiers de Paris, qui lui en délivra récépissé avec une mention honorable (2).

« Agronome distingué, il fut pendant un demi-siècle occupé dans sa pépinière expérimentale à naturaliser des arbres précieux et rares qu'il répandit dans le Lyonnais et les provinces voisines.

« On lui doit une greffe ingénieuse qui porte son nom (3) ; un beau projet pour former des avenues perpétuelles ; une machine propre à écraser le raisin avant de le jeter dans la cuve ; un bateau construit de manière à ne pouvoir ni chavirer ni être submergé.

« La société d'agriculture de Lyon dont il fut l'un des fondateurs possède dans ses archives un grand nombre de savants mémoires sortis de sa plume.

« C'est comme agronome, qu'en 1820 Jean-Louis fut l'objet d'une glorieuse distinction, en ayant part à la distribution du petit nom-

(1) Le nom de Rast-Maupas n'est point tombé dans l'oubli à Lyon ; une rue de la Croix-Rousse porte encore aujourd'hui son nom. (Délibération du Conseil municipal de Lyon prise en 1858.)

(2) Lettre à Son Excellence le citoyen Chaptal, p. 7.

(3) Cf. Œuvres de Leclerc-Thouin.

bre de médailles d'honneur que le roi décerna aux bienfaiteurs de l'agriculture française (1). »

Jean-Louis, marqua aussi sa place dans la gestion des affaires de son pays, et fut vers 1804 membre du conseil général du département du Rhône. Il fut encore membre du jury de l'École rurale vétérinaire de Lyon, membre du conseil général de commerce, directeur des pépinières départementales.

On sait aussi quel rôle glorieux il remplit durant la Terreur dans la défense de la ville de Lyon.

M. Rast-Maupas épousa, le 15 septembre 1759, Claudine de Lamoureux, fille légitime de sieur Charles de Lamoureux, bourgeois de Lyon et de dame Marie Jay.

En faveur de ce mariage, M. Rast père faisait donation à son fils Jean-Louis du tiers de ses biens présents et à venir, à l'exception de sa bibliothèque et d'un petit domaine, « de manière que ledit fils ne pourra jouir dudit tiers des biens donnés, qu'après le décès de ses père et mère; et jusques alors ledit sieur Rast père s'oblige de délivrer annuellement aux futurs époux et épouse et à leur porte sans frais, pour leur aider à soutenir les charges du présent mariage, la quantité de dix asnées de vin et de quatre asnées de blé, qu'ils ne pourront donner, céder, transporter à qui que ce soit, ni les recevoir par anticipation.

« Et par même faveur, ladite dame Claudine Demeure autorisée par ledit noble Rast son mari, a donné comme dessus au futur époux son fils acceptant, le cinquième de tous ses biens et droits présents et à venir, pour le recevoir et en jouir seulement après le décès de la dame sa mère et du sieur Rast son époux. »

Le sieur de Lamoureux père constituait en dot à sa fille la

---

(1) Grognier, *Notice sur J.-L. Rast-Maupas.* Compte rendu de la société d'agriculture de Lyon, 1821, p. 241-250.

somme de onze mille livres « pour imputer premièrement sur tous
les droits, noms, raisons et actions que la dite future épouse peut
avoir à prétendre dans les biens et succession de la demoiselle de
Jay, sa mère, et dans celle de demoiselle Suzanne de Lamoureux,
sa sœur, et le surplus sur ses droits futurs dans la succession
dudit sieur de Lamoureux, son père.

Cette somme de onze mille livres était représentée par les effets
suivants :

« Savoir : un grand lit garni de sa couchette, paillasse, traver-
sin, trois matelas dont deux de laine et un de crin, une couverture de catalogne fine, son tour et couverture d'imberline soie et
galette fine, une tapisserie de chambre, six portières, le tout de
même imberline, six fauteuils bois noyer à la mode couverts de
même imberline, le tout neuf; six fauteuils de canne, dont trois à
coussins couverts de ladite imberline, quatre gros coussins de fenêtre à plumes d'oie couverts d'imberline, avec des gros glands
aux coins, deux grands trumeaux à six glaces chacun, quatre tableaux à cadre doré, l'un représentant la chaste Suzanne avec les
deux vieillards, l'autre Jephté, le troisième une Lucrèce qui se poi-
gnarde, et le quatrième une descente de croix sur cuivre ; une gar-
niture de feu de chambre, une paire de rideaux de fenêtre neufs
en bazin coton, un petit lit à repos garni de sa couchette, paillasse,
trois matelas dont deux de laine et un de crin, une couverture de
laine et une autre indienne de perse piquée, deux grandes garde-
robes bois noyer fermant à deux portes et leurs tiroirs, six paires
de draps toile d'Hollande, cinq douzaines de serviettes; un grand
miroir à toilette, une paire de flambeaux, mouchette et porte-mou-
chette argent aché du dernier goût; une paire de boucles d'oreilles
à brillants fins montés en étoile avec une grosse pierre dans le
milieu, un papillon mi-brillant, un collier à huit rangs de perles
fines, une montre d'or, six cuillers et six fourchettes neufs argent

pesant trois marcs trois onces et demie, tous les linges, habits et robes de la future épouse... »

La demoiselle de Lamoureux, recevait encore en dot une maison avec jardin louée par bail quatorze cents livres et estimée vingt-huit mille livres (1).

Jean-Louis Rast eut de ce mariage deux enfants : Claudine-Charlotte et Marie-Magdeleine-Jacqueline.

Claudine-Charlotte Rast-Maupas naquit à Lyon le 12 décembre 1762 et mourut au Grand-Lucé (Sarthe) le 17 décembre 1849. — Elle fut mariée le 24 novembre 1787 à Jean-Mathieu-Félix Rast, son oncle, dont nous parlerons plus loin.

Marie-Magdeleine-Jacqueline Rast, née le 22 juillet 1768, mourut en nourrice à Chambéry à l'âge de deux ans.

Claudine de Lamoureux mourut le 22 mai 1770 (2). Jean-Louis épousa en seconde noces, en 1788, Jeanne Boucharlat. C'est de ce second mariage que naquit Frédéric Rast.

Frédéric Rast, né à Lyon en 1789, épousa dans cette même ville Anne Lambert dont il eut deux filles. Il mourut à Paris en 1820 et fut enterré au cimetière du Père-Lachaise.

6. — JEAN-BAPTISTE-ANTOINE RAST, le troisième fils du médecin Jean-Jacques, naquit à la Voulte le 28 décembre 1732.

Il eut pour parrain : « M. Antoine Rast ancien capitaine d'infanterie, à la place de M. Jean-Baptiste de Rast, chevalier de l'ordre militaire de Saint-Louis, ancien lieutenant-colonel d'infanterie et lieutenant de roy de Pontarlier et château de Joux en Franche-Comté, absent. La marraine a été demoiselle Anne-Marie Rast, femme de M. Antoine Valentin (3). »

(1) Contrat de mariage reçu par Mᵉ Tournilhon. Lyon, 15 septembre 1759.
(2) A la mort de sa mère, Claudine-Charlotte était encore toute jeune. Elle fut élevée chez une tante maternelle. Nous possédons le portrait de cette parente ainsi que celui de son mari, mais nous ignorons son nom.
(3) Extrait des registres de l'église paroissiale de Saint-Vincent de la Voulte, 31 janvier 1747.

Jean-Baptiste-Antoine embrassa la profession de son père. En 1753, il fut reçu docteur en médecine de l'université de Montpellier, et en 1755 il fut agrégé au collège de médecine de Lyon dont plus tard il devint doyen.

Titulaire de l'académie des sciences et belles-lettres de Lyon, membre de la société royale d'agriculture de cette même ville, correspondant de la société de médecine de Marseille, il professa la Botanique à l'école vétérinaire dans les premières années de sa création.

Médecin distingué, il acquit très vite une grande réputation pratique qui se soutint jusqu'à sa retraite à Albigny (Rhône), où il mourut à l'âge de soixante-dix-huit ans.

Il avait été en correspondance suivie avec le savant Haller.

On a de lui :

Sur l'inoculation de la petite vérole. — Lyon 1763, in-12.

Sur l'établissement d'un cimetière hors de la ville de Lyon, 1777, in-8° (1).

Jean-Baptiste-Antoine épousa en premières noces une demoiselle Biétrix (mai 1778) et en secondes noces une demoiselle Dupont. Il eut une fille qui fut mariée à M. Lombard, avocat à Saint-Symphorien en Dauphiné.

Nous ne possédons pas les papiers de Jean-Baptiste-Antoine; nous avons seulement une lettre de lui, dans laquelle il fait part à M. Desarmands de son premier mariage.

Dans les actes de partage de la succession de Jean-Jacques son père, nous voyons qu'il est qualifié de « noble Jean-Baptiste-Antoine Rast, docteur en médecine ».

7. — JEANNE-SIMONE RAST naquit à la Voulte le 5 septembre 1735. C'est là le seul renseignement que nous ait transmis à son sujet M. Desarmands.

---

(1) Voy. *Biographie générale* de Firmin-Didot, par Hœfer. — Cf. Delandine, Catalogue des manuscrits de la bibliothèque de Lyon.

8. — Marie-Antoinette RAST naquit à Lyon le 22 mars 1738 (1).
Elle épousa le 15 mars 1760, messire Alexis de Belin de Laréal,
seigneur et gouverneur du Pouzin au diocèse de Viviers en Vivarais.

Les dits seigneurs de Belin de Laréal père et mère, faisaient donation par contrat de mariage « au dit sieur de Belin, leur fils aîné,
de tous leurs biens meubles et immeubles présents et à venir...
sous les réserves cependant des légitimes pour leurs autres enfants
telles que de droit et de dix mille livres chacun à pouvoir disposer
à leur volonté... sous la réserve encore de la jouissance des fruits et
revenus desdits biens donnés pendant la vie dudit seigneur de
Belin père, de manière que ledit futur époux ne pourra entrer en
jouissance et possession des susdits biens qu'après le décès de
son dit père; et jusqu'alors ledit sieur de Belin s'oblige à toutes
les charges du présent mariage desdits futurs époux et épouse,
savoir : de les loger et nourrir dans un ménage commun de
même que leurs enfants et domestiques, et de fournir à cet
effet à toutes les dépenses relatives, à l'exception des vêtements,
qui resteront à la charge desdits futurs époux et épouse, et pour
lesquels il leur sera payé annuellement par lesdits seigneur et
dame de Belin, la somme de six cents livres en deux termes
égaux...

« ... Lesdits sieur et dame Rast de Maupas constituaient en dot
à ladite demoiselle future épouse la somme de trente mille livres
en la forme ci-après : savoir, par la dite dame Rast mère, le cinquième de tous ses biens présents et à venir et par ledit sieur Rast
père, le surplus restant pour parfaire ladite somme de trente
mille livres... dont quinze mille livres soldées comptant en argent
et immeubles sis à la Voulte... et quinze mille livres payables
en argent après le décès desdits sieur et dame Rast père et

(1) Acte de baptême, 24 mars 1738.

mère... et jusqu'au payement de la somme restante desdites quinze mille livres lesdits sieur et dame de Rast s'obligent à payer auxdits futurs époux et épouse la rente annuelle et via-gère de trois cents livres en deux termes de cent cinquante livres chacun...

« Au surplus, ladite demoiselle future épouse s'est constitué de son chef plusieurs pièces en argenterie et bijoux qu'elle tient de ses dits père et mère, lesquels ont été amiablement évalués à la somme de onze cent vingt-deux livres (1). »

Marie-Antoinette Belin de Laréal mourut sans postérité à Tour-non, le 29 septembre 1821. Par testament en date du 11 juillet 1818, et rédigé par Jean-Baptiste Bonnecaze, notaire à Tournon, elle avait institué son frère, M. Rast-Desarmands, son légataire universel. M^{mo} Desarmands alla à Tournon recueillir cette succes-sion dont l'actif, déduction faite de quelques legs, fut de neuf mille francs environ.

9. — Jean-Mathieu-Félix RAST, le dernier des enfants de Jean-Jacques, médecin, naquit à Lyon le 20 novembre 1744 (2). On l'ap-pelait ordinairement Rast-Desarmands.

A vingt-deux ans, il débutait dans la carrière des finances comme surnuméraire dans les Aides. C'est en cette qualité que nous le trouvons à Nevers, le 2 mai 1766.

Une des pièces qu'il produisit à l'appui de son mémoire pour obtenir une pension de retraite nous donne ses différents états de service dans les Aides :

> 2 mai 1766, surnuméraire à Nevers ;
> 10 juillet 1766, commis de ville à Bourges ;
> 8 avril 1767,   —   à Saint-Amand ;
> 3 avril 1768, commis en second à Châtillon-sur-Indre ;
> 8 août 1770, receveur à Châtillon-en-Bazois ;

(1) Contrat de mariage, Lyon, 15 mars 1760.
(2) Acte de baptême, Lyon, 20 novembre 1744.

15 février 1772, receveur à Belleville ;
1er mai 1772,   —   à Bourbon;
10 avril 1773,   —   à Gien ;
12 janvier 1774, contrôleur à Etampes;
9 octobre 1774,   —   à Issoudun;
23 avril 1775,   —   à Nevers ;
3 avril 1777, contrôleur ambulant à Montluçon ;
3 avril 1778,   —   à Moulins ;
3 avril 1779,   —   à Chartres;
mai 1780,   —   à Saint-Étienne;
octobre 1781,   —   à Chartres.

Le premier novembre 1782, il fut appelé au poste de chef de correspondance du département de Touraine à l'hôtel de la Régie générale à Paris.

Le 1er janvier 1784, il était nommé directeur des Aides au Mans; ce poste, comme il nous l'apprend dans un de ses mémoires (1), pouvait lui rapporter de dix à douze mille francs. Il l'occupa jusqu'au moment où la loi du 17 mars 1791 vint le supprimer.

Alors et après vingt-cinq ans de travail, M. Rast-Desarmands resta sans pension, parce qu'il n'avait pas trente ans de services acquis en mai 1791. Cependant il continua ses fonctions pour la formation et la reddition des comptes des receveurs généraux et particuliers.

Cette opération à peine terminée, il fut mis en réquisition par l'administration du district du Mans qui le chargea de sa comptabilité. Ce fut le 1er mai 1794 qu'il fut installé dans cette place en qualité de chef de bureau.

Les administrations de district étant supprimées, M. Desarmands conserva la direction de la comptabilité de l'administration centrale jusqu'au 15 floréal an VIII (5 mai 1800). A cette époque, date de la création des préfectures, il fut nommé secrétaire de la préfecture du Mans.

(1) Mémoire n° 3.

M. Desarmands occupa ce poste jusqu'au 2 décembre 1813. Éloigné alors par un nouveau préfet, il ne tarda pas à être réintégré dans ses fonctions par Sa Majesté Louis XVIII (24 juillet 1814). Remplacé encore à l'entrée de « l'usurpateur », il fut réintégré de nouveau en vertu de l'ordonnance royale du 7 juillet 1815.

Enfin l'ordonnance du 7 avril 1817 vint terminer la carrière de M. Rast-Desarmands en supprimant la place qu'il occupait.

M. Rast était alors parvenu à sa soixante-treizième année et avait fourni cinquante et un ans de services publics effectifs tant dans les finances que dans l'administration. Il avait été nommé dans cet intervalle membre de la Légion d'honneur par l'empereur Napoléon à la date du 28 septembre 1810. Il le fut plus tard par Sa Majesté Louis XVIII, le 18 mars 1819, mais pour prendre rang dans la Légion à compter du 28 septembre 1810, date de sa première nomination (1).

Une ordonnance royale du 24 juin 1818 accorda à Jean-Mathieu-Félix Rast une pension de retraite de 2.666 francs. Cette retraite ne fut en effet calculée que sur la base de 4.000 francs, appointements attachés à la place de secrétaire général. M. Desarmands avait vu diminuer sa fortune par la perte de la direction des Aides en même temps qu'un cautionnement de 19.000 francs lui était remboursé en assignats devenus sans valeur. Il avait encore perdu à Lyon une maison détruite en 1793. L'immeuble était affermé 1.000 francs; on assigna plus tard au malheureux propriétaire une indemnité de 2.500 francs, qui, après bien des retards et bien des réclamations, fut réduite en définitive à 5.700 francs seulement.

En prenant sa retraite, M. Desarmands quitta le Mans et vint se retirer dans sa propriété du Fretay près Parigné-l'Évêque (Sarthe); ce fut là qu'il termina ses jours partageant son temps entre

(1) Brevet royal sur parchemin, daté du château des Tuileries, 18 mars 1819.

l'étude et le soin de sa propriété. Il mourut en 1832, à l'âge de quatre-vingt-huit ans.

M. Desarmands, comme son frère l'inventeur de la condition des soies, s'intéressait vivement à l'agriculture. En 1804, nous trouvons son nom inscrit dans le catalogue des membres de la Société d'agriculture sciences et arts de la Sarthe (1). En 1806, sur l'autorisation de Son Excellence Mgr de Champagny (ministre de l'intérieur), il avait créé une pépinière départementale dans le jardin de la Mission près le Mans. Cette pépinière renfermait plus de 80.000 sujets forestiers et fruitiers (2). Les plants furent utilisés pour la plupart sur les grandes routes en même temps que la terre du Fretay était peuplée de beaucoup d'arbres curieux.

Cependant ces travaux n'absorbaient point l'esprit actif de M. Desarmands. Nous avons dit qu'il aimait l'étude : il possédait en effet une très belle bibliothèque qui lui était familière. Une édition d'Horace nous a conservé une de ces notes qu'il aimait à rédiger dans ses heures de loisir. C'est une imitation de la septième épode aux Romains; elle est signée du 21 janvier 1830, M. Desarmands avait donc quatre-vingt-six ans lorsqu'il la rédigea.

Jean-Mathieu-Félix Rast épousa, le 24 novembre 1787, à Lyon, sa nièce Claudine-Charlotte Rast-Maupas.

Par son contrat de mariage (3), Claudine-Charlotte reçut en dot : 1° La somme de quarante-deux mille livres qui lui revenaient de la succession de sa mère. Savoir quatre mille livres en valeur d'habillements, linges, nippes, hardes et bijoux : « Quant aux trente-huit mille livres restantes de ladite constitution, il a été expressément convenu entre ledit sieur Rast et le sieur et demoiselle futurs époux et épouse que le paiement en demeure

---

(1) Pesche, *Dictionnaire de la Sarthe*, article Mans, p. 535.

(2) Mémoire n° 2.

(3) Contrat de mariage, Lyon, en l'étude de Me Tournilhon l'aîné.

prorogé sans intérêts jusqu'au décès dudit sieur Jean-Louis... »

2° « Cinquante-sept mille six cents livres en valeur de maisons provenant de la succession de défunt sieur Charles de Lamoureux et qui sont échues à la demoiselle future épouse sa petite fille, en sa qualité de seule et unique héritière de droit. » (Une portion de maison estimée 20.000 livres, — une boutique, 4.600 livres, — une maison rue du Puits-du-Sel, 15.000 livres, — une maison au faubourg de la Guillotière, 18.000 livres.)

3° « Enfin ledit sieur Rast de Maupas a pareillement constitué à la demoiselle future épouse le contrat de la rente annuelle et perpétuelle de trente-quatre livres, au capital de six cent quatre-vingts livres, qui avait été créée et constituée au profit dudit sieur Charles de Lamoureux, par MM. les intendants des finances en exécution de l'arrêt du conseil du 20 janvier 1770 et lettres patentes y mentionnées devant Me Lachaise et son confrère, notaires à Paris, le 30 novembre 1770 sous le n° 5141 ».

Jean-Mathieu-Félix Rast se constituait en dot « la somme de huit mille livres formant la valeur de ses biens actuels. »

M. Desarmands eut de son mariage trois filles :

Pauline-Charlotte Rast-Desarmands, née au Mans le 10 décembre 1792, morte célibataire au Grand-Lucé (Sarthe), le 5 avril 1849.

Amélie-Claudine Rast, née à Sainte-Croix du Mans, le 16 mai 1795, décédée à Sainte-Croix, le 4 octobre 1799.

Françoise-Charlotte Rast-Desarmands, née à Sainte-Croix du Mans le 21 avril 1799, décédée à Pontvallain (Sarthe) le 4 juin 1870. Le 9 octobre 1826, elle avait épousé Léger-Louis-Jean Graffin, notaire au Grand-Lucé. De ce mariage est né, le 19 avril 1830, Maurice-Léger Graffin.

PIÈCES JUSTIFICATIVES

I

DOSSIER DE JEAN-BAPTISTE RAST

MAJOR DE FURNES.

(7 PIÈCES MILITAIRES)

Le chevalier de Gremonville lieutenant général ès armées du roy, commandant en chef les trouppes de Sa Majesté en Levant, et gouverneur général des armées de la sérénissime république de Venise.

Nous certiffions à tous qu'il appartiendra, que le Sr Rast capitaine détaché avec sa compagnie du régiment d'Anjou joint au corps du régiment d'Alméric, a servi actuellement pendant deux campagnes en Levant ayant donné en toutes occasions des preuves singulières de son courage et ponctualité; en foy de quoy nous lui avons laissé le présent certifficat, signé de notre main, à iceluy faict apposer le cachet de nos armes et con tresigner par notre secrétaire ordinaire.

Donné à l'isle de Cérigo le 12ᵐᵉ juin 1661.

Signé : Le chevalier de GREMONVILLE.

Contresigné : LERAULT, secrétaire.

*Le sieur de Caramany mareschal de camp des armées du Roy, colonel
du régiment royal Catalan commandant les trouppes qui viennent
de Levant.*

Nous certiffions comme mons^r Rast capitaine détaché du régiment d'Anjou joint au corps du régiment d'Alméric, a servi très dignement dans les
isles de Levant tout le temps que les trouppes auxiliaires y ont esté,
ayant esté compris au nombre de la réforme faicte en cette ville par ordre
du Roy qui n'a voulu conserver dans ledict corps qu'autant de compagnies qu'il s'y trouverait de soixante hommes, priant tous ceux qui sont à
prier de luy donner bon passage.

Faict à Toulon le 29ᵉ mars 1662.

Signé : de CARAMANY.

---

*Le sieur de Caramany mareschal de camp des armées du Roy, colonel
du régiment royal Catalan, commandant les trouppes auxiliaires
qui viennent du Levant.*

Je certifie comme le sieur Rast, capitaine destaché du régiment d'Anjou
à présent Orléans joint au régiment d'Alméric, a très bien et fidèlement
servy le Roy dans la fonction de sa charge de capitaine l'espace de dix-
huit mois dans les isles de Levant. Fait à Toulon ce 2ᵉ apvril 1662.

Signé : de CARAMANY.

---

*Commission de capp^{ne} d'une comp^{ie} au régiment d'Inf^{ie} d'Orléans,
pour le sieur de Ras.*

Louis par la grâce de Dieu roy de France et de Navarre, à notre cher et
bien amé le capp^{ne} Ras salut. La comp^{ie} qu'avait le capp^{ne} d'Aranay dans
le régiment d'Inf^{ie} de nostre très cher et très amé frère le duc d'Orléans,
étant à présent vaccante par sa promotion à la charge de lieute-
nant colonel dudit régiment, et désirant remplir cette charge d'une personne qui s'en puisse bien acquitter, nous avons estimé ne pouvoir faire
pour cette fin un meilleur choix que de vous, pour les services que vous

nous avez rendus dans toutes les occasions qui s'en sont présentées, où vous avez donné des preuves de vostre valleur, courage, expérience en la guerre, vigilance et bonne conduitte et de vostre fédélité et affection à nostre service. A ces causes et autres à ce nous mouvant, nous vous avons commis, ordonné et estably, commettons, ordonnons et establissons, par ces présentes signées de nostre main, capp^{ne} de la comp^{ie} vaccante comme dit est cy dessus, laquelle vous commanderez, conduirez et exploicterez, soubz nostre authorité et soubz celle du colonel lieutenant dudict régiment, la part et ainsy qu'il vous sera par nous ou nos lieutenants gn^{aux} commandé et ordonné pour nostre service; et nous vous ferons payer ensemble les officiers et soldats de lad^e comp^{ie} des estats, appointements et soldes, qui vous seront et à eux deubz, suivant les monstres et reveues qui en seront faictes par les commissaires et controolleurs des guerres à ce départis, tout et si longuement que lad^e compag^e sera sur pied pour nostre service, tenant la main à ce qu'elle vive en si bon ordre et police que nous n'en puissions recevoir de plaintes. De ce faire vous donnons pouvoir, commission, authorité et mandement spécial; mandons au S^r marquis de Beaufort, colonel lieutenant dudit régiment, et en son absence à celui qui le commande, de vous faire reconnaistre en lad^e qualité de capp^{ne}, et à tous qu'il appartiendra qu'à vous en ce faisant soit obéy. Car tel est nostre plaisir. Donné à Amiens le vingt un^e jour de may l'an de grâce Mil six cent soixante sept, et de nostre règne le vingt cinq^e.

Signé : LOUIS.

et plus bas : Par le roy.

LE TELLIER.

Commission de capp^{ne} d'une comp^{ie} de nouvelle levée dans le régim^t d'infanterie d'Orléans, pour le sieur de Ras.

Louis par la grâce de Dieu roy de France et de Navarre, à nostre cher et bien amé le cap^{ne} Ras salut. Ayant résolu d'augmenter de quelques compagnies le régiment d'Inf^{ie} d'Orléans, et désirant donner le commandement de l'une desdites compagnies à une personne qui s'en puisse bien acquitter, nous avons estimé.... etc.... etc.... — Donné à Fontainebleau le vingtiesme jour d'aoust l'an de grâce mil six cent soixante onze et de nostre règne le vingt-neufv^e.

Signé : Louis.

et plus bas : Par le roy,

Le Tellier.

Brevet de major de Dinant pour le sieur de Ras.

De par le roy,

Sa Majesté, ayant choisi le Sr de Ras cap^{ne} au Régim^t d'infanterie d'Orléans, pour exercer la charge de major de la ville de Dinant vaccante par la promotion du Sr de Valeille à celle de lieutenant pour sa Maj^{te} en la d^e ville, et voulant pourvoir à ce qu'en attendant que sa Maj^{te} luy ait fait expédier la comm^{on} nécessaire pour ladite charge, il ne rencontre aucune difficulté dans les fonctions d'icelle ; Sa Maj^{te} mande et ordonne aux habit^{ts} de lad^e ville et aux gens de guerre qui y sont et seront cy après en garnison, de reconnaistre led^t Sr de Rast en la charge de major et de luy obéir et entendre en lad^e qualité, en tout ce qu'il leur commandera pour le service de sa Maj^{te} et la seureté et conserva^{on} de lad^e ville, en l'absence du gouverneur et du lieutenant pour sa Maj^{te} en icelle, sans difficulté et à peine de désobéissance. Fait à Versailles ce 29 juillet 1692.

Signé : Louis.

et plus bas : Le Tellier.

Commission de la charge de major de Furnes pour le Sr de Ras.

Louis par la grâce de Dieu roy de France et de Navarre, à nostre cher et bien amé le Sr de Ras, cy devant major de la ville de Dinant, salut. La charge de major de Furnes se trouvant vacante par la promotion du Sr de Malguiche à la majorité d'Ypres, et jugeant nécessaire au bien de nostre service d'y commettre un sujet capable et expérimenté, nous vous avons choisy à cet effet pour la connaissance que nous avons de vostre valeur, courage, expérience au fait de la guerre, vigilance, activité, sage conduite, zèle, fédélité et affection à nostre service, dont vous avez donné des preuves suffisantes dans les divers employs de guerre que vous avez exercés, de sorte que nous nous promettons que vous nous servirez utilement dans ce nouvel employ. A ces causes et autres à ce nous mouvant, nous vous avons commis, ordonné et estably, commettons, ordonnons et establissons, par ces présentes signées de n^re main, en lad^e charge de major de Furnes vacante comme dit est, pour pendant le temps de trois années, en faire les fonctions et en jouir et user, aux honneurs, authorités, prérogatives, préminences, privilèges, franchises, droits, fruits, proffit, revenus et émoluments qui y appartiennent, tels et semblables dont jouissent ceux qui exercent de pareilles charges, et aux appointements qui vous seront ordonnés par nos Estats. Voulons que pendant ledit temps de trois années, et en l'absence du gouverneur et de nostre lieutenant au gouvernement de lad^e place, vous y commandiez tant aux habitants qu'aux gens de guerre qui y sont et y seront cy après en garnison, et leur ordonniez ce qu'ils auront à faire pour n^re service, que vous fassiez vivre lesd^ts habitans en bonne union et concorde les uns avec les autres, et lesd^ts gens de guerre en bon ordre, police et discipline, suivant nos règle ments et ordonnances militaires ; que vous fassiez seurement chastier ceux qui oseront y contrevenir ; que vous veilliez à la garde et seureté de la d^te place ; et que vous fassiez pour sa conserva^on généralement tout ce que vous estimerez nécessaire et à propos de se faire. Nous vous avons donné et donnons pouvoir, commission, authorité et mandement spécial, par ces présentes. Mandons et ordonnons au gouverneur ou commandant pour nous en ladicte place de Furnes, de vous faire reconnaistre en lad^e charge de major de tous ceux et ainsy qu'il appartiendra, et auxd^ts habitants et gens de guerre qui y sont et seront cy après en garnison, de vous obéir en tout ce que vous leur commanderez et ordonnerez pour nostre service et la conserva^on de lad^e place, en l'absence comme dit est du gouverneur et de n^re lieutenant au gouvernem^t d'icelle, et pendant led^t temps de trois années, sans difficulté, à peine d'être traités comme désobeissans à nos ordres. Car tel est n^re plaisir. Donné à Versailles le quinzième jour du mois de janvier l'an de grâce mil sept cent, et de n^re règne le cinquante sept^e.

Signé : LOUIS.

Et plus bas : Par le roy,

LE TELLIER.

II

DOSSIER DE JEAN-BAPTISTE RAST

LIEUTENANT DE ROY

(13 pièces militaires)

*Commission de capitaine d'une compagnie dans le régiment royal
d'inf^le pour le Sr de Ras.*

Louis par la grâce de Dieu roy de France et de Navarre à notre cher et
bien amé le capp^ne de Ras salut. La compagnie que commandait le capp^ne
Baret dans notre régiment royal d'inf^ie estant à présent vacante par son
abandonnement, et désirant remplir cette charge d'une personne qui s'en
puisse bien acquitter, nous avons estimé... etc... de ce faire vous donnons pouvoir, commission, autorité et mandement spécial, mandons au
Sr de Calus, colonel lieutenant de notre régiment et en son absence à celuy
qui le commande, de vous recevoir et faire reconnaître... etc... Donné à
Versailles, le premier jour de septembre l'an de grâce seize cent quatre
vingt seize et de notre règne le cinquante quatrième.

Signé : Louis.

et plus bas : Par le roy, Le Tellier.

---

*Nomination du Sr de Ras à la place d'inspecteur des milices
de Bretagne.*

De par le roy,

Sa Majesté, ayant été satisfaicte du soin que le Sr de Ras, inspecteur
particulier de son inf^ie en Bretagne, a pris des milices bourgeoises de lad^e
province, l'a choisy pour aller à la Rochelle faire à l'avenir la visitte de

celle du pays d'Aunis, en l'absence du Sr de Vreismes inspecteur gn^{al} de son Inf^{ie}, et soubz ses ordres en sa présence, prescrire aux officiers ce qu'ils auront à faire pour mettre leurs comp^{ies} en bon estat, faire la reveue desd^{es} milices en la manière qu'il estimera à propos, leur faire faire l'exercice, et général^{mt} s'y employer à tout ce qu'il jugera nécessaire pour leur bonne discipline et police. Mande et ordonne sa Majesté, au S^r comte de Chamilly mar^{al} de France, commandant pour son service en Póictou et au pays d'Aunis, aux gouverneurs de ses villes et places, au Sr Begon intendant en la généralité de la Rochelle, au S^r d'Evrenin et à tous autres ses officiers qu'il appartiendra, de faire reconnaistre ledit Sr Ras pour l'exécution de la présente. Faict à Versailles le xxxe may 1705.

Signé : Louis.

et plus bas : Chamillard.

Brevet de sergent major du regim^t d'inf^{rie} de Chamilly de nouvelle levée pour le Sr de Ras.

Aujourdhuy troisième du mois de fevrier 1706, le roy estant à Versailles, désirant pourvoir à la charge de sergent major du régim^t d'inf^{rie} de Chamilly que sa Maj^{té} fait mettre sur pied et ayant receu diverses preuves de la valeur, courage, expérience en la guerre, vigilance et bonne conduite, du Sr de Ras, et de sa fidélité et affection à son service, sa Maj^{té} luy a donné et octroyé lad^e charge de sergent major, pour doresnavant en faire les fonctions et en jouir aux honneurs, autorités, prérogatives, droits et appointements qui y appartiennent, tels et semblables dont jouissent ceux qui sont pourvus de pareilles charges. Mandant sa Maj^{té} au S^r marquis de Chamilly mar^{al} de France, colonel dud^t régiment, de le recevoir et faire reconn^{re} en lad^e charge en vertu du présent brevet qu'elle a signée de sa main, et fait contresigner par moy son cons^r secrétaire d'estat de ses commandements et finances.

Signé : Louis.

Et plus bas : Chamillard.

---

*Lettres du roy qui maintiennent le Sr de Ras dans son rang
de capitaine d'Inf^{ie}.*

De par le roy,

Sa Maj^{té} ayant eu agréable d'accorder au Sr de Ras la charge de sergent
major du régiment d'infanterie de Chamilly qu'elle fait mettre sur pied,
elle veut et entend, qu'il conserve dans led^t régiment et dans ses trouppes
d'Inf^{ie} le rang qui luy appartient en vertu de sa première com^{on} de
capitaine, sans difficulté. Fait à Versailles le troisième fevrier 1706.

Signé : Louis.

et plus bas : Chamillard.

*Commission de lieutenant colonel du régiment de Mornac
pour le sieur de Ras.*

Louis par la grâce de Dieu roy de France et de Navarre, à n^{re} cher et
bien amé le cap^{ne} de Ras sergent major du régiment d'Inf^{ie} de Mornac,
salut. La charge de lieutenant colonel dud^t régiment, dontes tait pourvu
le s^r comte de Mornac, estant à présent vacante par sa promotion à la
charge de colonel d'iceluy, et désirant la remplir d'une personne qui ait
toutes les qualités requises pour s'en bien acquitter.. .... etc. — A ces
causes et autres à ce nous mouvant, nous vous avons commis, ordonné
et estably, commettons, ordonnons et establissons, par ces pn^{tes} signées
de n^{re} main lieutenant colonel dudit reg^t et cap^{ne} de la seconde comp^e d'i-
celuy, lesd. charges vacantes comme dit est cy dessus, pour en lad^e qualité
de lieutenant colonel, commander ledit régiment, le conduire et exploiter
sous n^{re} autorité et sous celle du colonel dudit régiment, la part et ainsy
qu'il vous sera par nous ou nos lieutenants gn^{aux} commandé et ordonné
pour n^{re} service, et nous vous ferons payer ensemble les officiers, sergents
et soldats dudit régiment, des estats, appointements et soldes.... etc. —
De ce faire nous donnons pouvoir, com^{on}, autorité et mandement spécial,
mandons au s^r comte de Mornac, colonel dudit régiment, et en son absence à celui qui le commande, de vous recevoir et faire reconnaistre en
lad^e charge et à tous qu'il appartiendra, qu'à vous en ce faisant soit

obéy. Car tel est n^{re} plaisir. Donné à Versailles, le trente unième jour de juillet l'an de grâce mil sept cent sept et de notre règne le soixante cinquième.

Signé : LOUIS.

et plus bas : Par le roy,

CHAMILLARD.

Au bas de cette commission est écrit :

Nous soussigné, com^{re} provincial des guerres au département de la Rochelle, certiffions que Monsieur de Ras a presté le serment de fidélité en nos mains, en qualité de lieutenant colonel du régiment d'infanterie de Mornac. Fait à la Rochelle ce quinze aoust mil sept cent sept.

Signé : PORTAIL.

Nous baron d'Huart, capitaine commandant un bataillon aux gardes Vallones, brigadier des armées et commandant les troupes des deux couronnes aux frontières d'Aragon.

Certifions que le sieur de Ras lieutenant colonel du régiment d'infanterie de Mornac, a servy sous nos ordres depuis le commencement de la levée du blocus de Jaca dans toutes les occasions qui se sont présentées, surtout à l'attaque du château de Sainte-Helène, avec toute la valeur et conduite et bravoure qu'un galant homme et homme d'honneur peut avoir dans des pareilles occasions ayant été détaché très souvent pour faire entrer des bleds et autres provisions dans la cytadelle de Jaca, desquelles commissions il s'est toujours acquitté avec l'approbation de ses supérieurs. En foy de quoi nous avons signé cette lettre et y apposé le cachet de nos armes.

A Jaca, le 29 décembre 1710.

Signé : Le baron d'HUART.

*Réforme à la suite de la place de Besançon pour lieutenant-colonel
de Ras.*

De par le roy,

Sa Maj¹ᵗᵉ estant satisfaite des services du Sʳ de Ras, cy devant lieutenant
colonel du régim¹ d'inf¹ᵉ de Mornac, et voulant luy donner moyen de les
continuer, Sa Maj¹ᵗᵉ luy ordonne de se rendre dans la garnison de Besançon, pour y estre doresnavant entretenu et payé de ses apointements
en qualité de lieutenant-colonel réformé d'inf¹ᵉ, sans difficulté. Fait à
Versailles, le treizième février 1714.

Signé : LOUIS.

et au bas : PYSIN.

En marge et au bas est écrit :

Louis d'Orléans, duc de Chartres, premier prince du sang, colonel général de l'Inf¹ᵉ française et étrangère, vu le pn¹ brevet, nous mandons
à tous qu'il appartiendra de faire reconnaître le Sʳ de Ras en qualité
de lieutenant-colonel d'inf¹ᵉ. Donné à Paris le 5 septembre mil sept cent
vingt un.

Signé : LOUIS D'ORLÉANS.

et plus bas : Par S. A. S.

MONTGAULT.

Certificat des services de M. de Ras lieutenant-colonel d'infanterie.

Le Sʳ de Ras, lieutenant-colonel du régiment d'infanterie de Mornac, cy
devant Chamilly, refformé du 14 février 1714 à la suite de la ville de
Besançon, sert depuis 1693 sans discontinuation jusqu'à la présente année
1714, suivant les certificats, congés, lettres, brevets, commissions et ordres du roy, tant en qualité de mousquetaire du roy, enseigne, capitaine,
ayde major, major, lieutenant colonel, inspecteur particulier des troupes
des provinces de Bretagne et pays d'Aunis ; ayant eu l'honneur de servir
en Flandre avec distinction et aplication sous les ordres de Messʳˢ les
maréchaux de Luxembourg, de Villeroy et de Boufflers ; en Bretagne,

sous ceux de Messrs les maréchaux d'Estrées et de Chateaurenaud; en Xaintonge et pays d'Aunis, sous ceux de Monsr le maréchal de Chamilly, et en Espagne sous ceux de M. le duc de Vendosme. Pendant lequel temps, il a été assez heureux de se trouver à la bataille de Nervinde, au siège de Charleroy, au choc de Bossu, au bombardement de Bruxelles, au siège de Diximude, au bombardement de Givet où il fut blessé au genouil d'un éclat de bombe, aux canonades de Nimégue et de Per, et à plusieurs détachements particuliers, et en dernier lieu en Espagne à la prise du château Sainte-Helène en Arragon, où il attacha luy même le pétard que les soldats qui en étaient porteurs avaient abandonné, et l'emporta à la tête de 60 grenadiers soutenus par M. le baron d'Huart m^{al} de camp de S. M. C. qui commandait; ayant de plus commandé par ordre du roy dans la ville de Verdun en Arragon, et servi très utilement à la levée du blocus de Jaca et au ravitaillement de cette place.

Je certifie ce qui est marqué cy-dessus véritable, le Sr de Ras m'en ayant produit les certificats et ordres du roy, et que pendant le temps qu'il a été sous nos ordres il a servy avec toute l'aplication possible, ayant étably une discipline et une règle très grande à la création de mon régiment, duquel il a toujours pris un soin très particulier par tout ce qui m'en est revenu des inspecteurs sous lesquels il a été, jusqu'au 14 feuvrier 1714 que le régiment a été réformé, estant assurément un des dignes et bons sujets que le roy ait à son service. En foy de quoy, j'ai signé le présent pour luy valoir et servir en ce que de raison. Fait à Paris ce 7e may 1714.

Signé : Le m^{al} de CHAMILLY.

Provisions de chevalier de Saint-Louis pour le sieur de Ras lieutenant-colonel d'infanterie.

Louis par la grâce de Dieu roy de France et de Navarre, chef souverain, grand maître et fondateur de l'ordre militaire de Saint-Louis, à tous ceux qui ces présentes lettres verront salut. Par notre édit de création et institution dudit ordre militaire de Saint-Louis, nous nous sommes réservé la faculté de faire tel nombre de chevaliers que nous jugerions à propos, pour jouir des mêmes honneurs et prérogatives que les autres chevaliers dudit ordre qui ont des pensions, avec espérance de succéder auxdites pensions lorsqu'elles viendront à vacquer ; et comme nous avons une satisfaction particulière des bons et fidèles services que le sieur de Ras, lieutenant-colonel d'infanterie, nous a rendus pendant longues années dans les divers emplois de guerre qui luy ont été confiés, et qu'en toutes les occasions qui s'en sont offertes, il a donné des preuves d'une valeur singulière aussy bien que de son expérience et capacité au fait de la guerre, activité, sage conduite, zèle et affection à notre service et y a reçu plusieurs blessures : que nous sommes d'ailleurs informés de ses bonnes vie et mœurs, religion catholique, apostolique et romaine, ainsy qu'il parait par les certificats attachés sous le contrescel de ces présentes qui justiffient aussy de sesdits services. A ces causes, nous avons ledit Sieur de Ras fait, constitué, ordonné et establis, faisons, constituons, ordonnons et establissons, par ces présentes signées de nostre main, chevalier dudit ordre militaire de Saint Louis, pour par luy jouir dudit titre de chevalier aux honneurs et prérogatives qui sont deus, avec faculté de tenir rang parmy les autres chevaliers dudit ordre, et de porter une croix d'or sur l'estomac, attachée d'un petit ruban couleur de feu sur laquelle il y aura l'image de Saint-Louis, à condition d'observer les statuts dud[t] ordre, sans y contrevenir directement ny indirectement, et de se rendre à notre cour et suite, toutes fois et quantes nous le luy ordonnerons pour notre service et pour le bien et utilité dud[t] ordre. Si donnons en mandement à tous grands croix, commandeurs et chevaliers dud[t] ordre, de faire reconnaistre ledit Sr de Ras en ladite qualité de chevalier dud[t] ordre de Saint-Louis de tous ceux et ainsy qu'il appartiendra, après qu'il nous aura presté le serment en tel cas requis et accoutumé ; car tel est notre plaisir, en témoin de quoy nous avons fait mettre le scel dudit ordre à ces dit[es] présentes. Donné à Versailles le dix-septième jour du mois de may, l'an de grâce mil sept cent quatorze et de notre règne le soixante et douzième.

Signé : Louis.

Par le roy,

Signé : PYSIN.

Sur le repli :

Aujourd'hui vingt trois du mois de may 1714, le roy estant à Versailles, le sieur de Ras dénommé en ces présentes, a presté ès mains de Sa Majesté, le serment qu'il était tenu de faire en qualité de chevalier de l'ordre militaire de Saint Louis, moy conseiller secrétaire d'estat et des commandements de sa majesté présent.

Signé : PYSIN.

Commission de commandant de bataillon de milice de la Rochelle.

De par le roy,

Sa Maj[te] estant bien informée des services du Sr de Ras lieutenant-colonel réformé du régiment d'inf[ie] de Mornac, et voulant luy donner moyen de les continuer, elle a jugé à propos, de l'avis de M. le duc d'Orléans régent, de luy donner le commandement du bataillon de milice qu'elle a résolu de mettre sur pied dans la généralité de la Rochelle, comme aussy de la première compagnie d'iceluy; ordonne Sa Majesté au Sr de Ras, de prendre le commandement dudit bataillon et de ladite compagnie, son intention estant que tous les capitaines, lieutenants et soldats dont ledit bataillon sera composé, le reconnaissent pour leur commandant et lui obéissent en ladite qualité, dans tout ce qu'il leur ordonnera concernant son service, sans y apporter aucune difficulté. Fait à Paris le premier mars 1719.

Signé : LOUIS.

et au bas : LE BLANC.

Lettres de commandant de bataillon de milice en Champagne.

De par le roy,

Sa Majesté ayant choisy le sieur de Ras lieutenant colonel réformé d'infanterie, pour commander l'un des bataillons de milice d'infanterie qu'elle a résolu de lever dans sa province de Champagne et d'assembler à Vervins, Sa Majesté luy ordonne de prendre le commandement du bataillon ainsy que de la compagnie qui s'y assemblera, son intention estant que tous les officiers, sergents et soldats dudit bataillon, le reconnaissent pour leur commandant, et luy obéissent en tout ce qu'il leur ordonnera pour le service de sa Majesté, sans y apporter aucune difficulté. A Versailles le premier mars 1727.

Signé : Louis.

et au bas : Le Blanc.

Commission provisoire de lieutenant de roy de Pontarlier et château de Joux pour le sieur de Ras.

Louis par la grâce de Dieu roy de France et de Navarre, à notre cher et bien amé le sieur de Ras, lieutenant colonel réformé d'infanterie entretenu à Sedan salut. Estant informés que le sieur du Coutant, nostre lieutenant au gouvernement de Pontarlier et du chasteau de Joux, auquel nous avons permis de s'absenter de ladite place, ne sera de longtemps en estat de s'y rendre à cause de ses incommodités, et jugeant nécessaire au bien de notre service de commettre un sujet capable et expérimenté pour remplir en son absence les fonctions de ladite charge. A ces causes et autres à ce nous mouvants, nous vous avons commis, ordonné et estably, commettons, ordonnons et establissons, par ces présentes signées de nostre main, pour en ladite qualité de nostre lieutenant et sous l'authorité du gouverneur de la ville de Pontarlier et château de Joux, y commander, pendant tout le temps que ledit sieur du Coutant en sera absent, tant aux habitants qu'aux gens de guerre qui y sont et seront cy après en garnison, et leur ordonner ce qu'ils auront à faire pour nostre service ; faire vivre lesdits habitants de Pontarlier en bonne union et concorde les uns avec les autres, et lesdits gens de guerre en bonne discipline et police suivant nos règlements et ordonnances militaires ; faire sévèrement chastier ceux qui oseront y contrevenir, veiller à la garde et seureté desdites ville et château, et généralement faire pour leur conservation tout ce que vous estimerez nécessaire et à propos. De ce faire vous avons donné et donnons pouvoir, commission, authorité et mandement spécial, par ces dites présentes. Voulons aussy que vous jouissiez de ladite charge de nostre lieutenant en l'absence comme dit est dudit sieur du Coutant, aux honneurs, autorités, prérogatives et prééminences qui y appartiennent ; les droits, fruits, proffits, revenus et émoluments attachés à ladite charge, demeurans réservés audit sieur du Coutant. Mandons et ordonnons aux habitants desdites ville et château, et aux gens de guerre qui y sont et seront cy après en garnison, de vous reconnaistre en ladite qualité de nostre lieutenant, et de vous obéir en tout ce que vous leur commanderez et ordonnerez pour notre service en l'absence du gouverneur et dudit sieur du Coutant, sans difficulté, à peine d'estre traités comme désobéissans à nos ordres. Car tel est notre plaisir. Donné à Fontainebleau le vingt sixième jour du mois de septembre, l'an de grâce mil sept cent trente deux et de notre règne le XVIIIᵉ.

Signé : LOUIS.

Commission définitive de lieutenant de roy de Pontarlier et château de Joux pour le sieur de Ras.

Louis par la grâce de Dieu roy de France et de Navarre, à nostre cher et bien amé le sieur de Ras lieutenant colonel réformé d'infanterie, salut. La charge de nostre lieutenant au gouvernement de nostre ville de Pontarlier et château de Joux, se trouvant vacante par le décès du sieur du Coutant qui en estait pourveu, et jugeant nécessaire au bien de nostre service d'y commettre un sujet capable et expérimenté, nous vous avons choisy à cet effet, pour la connaissance que nous avons de vostre valeur, courage, expérience au fait de la guerre, vigilance, activité, et sage conduite, dont vous avez donné des preuves dans les différents employs qui vous ont esté confiés, et surtout dans les fonctions que vous avez remplies de ladite charge par nos ordres, en l'absence dudit feu sieur du Coutant, ce qui nous fait espérer que vous nous y servirez utilement. A ces causes et autres à ce nous mouvant, nous vous avons commis, ordonné et estably, commettons, ordonnons, et establissons, par ces présentes signées de nostre main, en ladite charge de nostre lieutenant au gouvernement de nostre ville de Pontarlier et château de Joux, vacant comme dit est. Pour en ladite qualité, en l'absence et sous l'autorité du gouverneur de ladite place, y commander pendant le temps de trois années tant aux habitants, etc..., etc... Car tel est nostre plaisir. Donné à Versailles, le vingt septième jour du mois de septembre l'an de grâce mil sept cent trente trois, de nostre règne le XIXᵉ.

Signé : LOUIS.

III

Brevet d'invention établi par la loi du 7 janvier 1791.

Au nom du peuple français, les consuls de la république arrêtent :

Art. 1. — Il est accordé au citoyen Jean Louis Rast-Maupas, habitant la commune de Lyon, un brevet d'invention pour quinze années entières et consécutives, à compter de la date des présentes, à l'effet de pouvoir établir partout où il le jugera convenable, dans toute l'étendue de la République, des procédés et appareils propres à donner aux soies, quelle que soit leur nature et leur qualité, un même degré de siccité, et les moyens de la constater; procédés et appareils dont il a déclaré être l'auteur; à la charge par lui d'employer les moyens indiqués dans le mémoire ci-joint, et de se conformer aux dessins qu'il a fournis et dont l'original demeurera joint au mémoire; sur lesquels appareils il pourra être appliqué un timbre ou cartel, avec ces mots : *Brevet d'invention*, et le nom de l'auteur, pour, par lui et ses ayant-cause, jouir dudit brevet dans toute l'étendue de la république, pendant quinze années.

Art. 2. — Il est expressément défendu d'imiter et d'employer les procédés dont il s'agit sous quelque cause que ce soit; et pour assurer au citoyen Jean Louis Rast-Maupas la jouissance dudit brevet, le présent arrêté sera inséré dans le bulletin des lois.

Art. 3. — Les tribunaux, préfets et sous-préfets feront jouir pleinement et paisiblement des droits conférés par ce présent, le citoyen Jean Louis Rast-Maupas ou ses ayant-cause, faisant cesser tout empêchement contraire; ils feront transcrire ce brevet sur leurs registres, lire et afficher dans leurs ressorts et départements respectifs, pour être exécuté pendant sa durée comme loi de la République.

Fait au palais national des consuls de la république française, le 14 germinal de l'an huit de la république.

Le premier consul : *signé* BONAPARTE.

Par le premier consul,
Le secrétaire d'État : HUGUES B. MARET.

Enregistré à la forme du jugement rendu ce jourd'hui en l'audience publique du tribunal civil séant à Lyon, le trois prairial an huit.

GUBIAN, *greffier*.

Vu et enregistré à la préfecture du département du Rhône le six floréal an huit,

Pour certificat, Lyon le huit prairial an huit,

Le secrétaire général : URBAIN JAUME.

Vu par le préfet du département du Rhône pour être affiché.

R. VERNINAC.

IV

Ordre royal de la Légion d'Honneur.

Brevet de chevalier.

Série 5ᵐᵉ
Nᵒ d'ordre 14225.

Louis par la grâce de Dieu roi de France et de Navarre, chef souverain et grand maître de l'ordre royal de la légion d'honneur, à tous ceux qui ces présentes verront salut :

Voulant donner une preuve de notre satisfaction royale au sieur Rast Desarmands (Jean Mathieu Félix) né le vingt novembre 1744 à Lyon, département du Rhône, ancien secrétaire général du département de la Sarthe, pour les services qu'il nous a rendus et à l'État; l'avons nommé et nommons chevalier de l'ordre royal de la légion d'honneur, pour prendre rang dans la légion à compter du vingt-huit septembre mil huit cent dix, et jouir du titre de chevalier et de tous les honneurs et préro- gatives qui y sont attachés.

Donné au château des Tuileries, le dix huit mars de l'an de grâce mil huit cent dix neuf, et de notre règne le vingt quatrième.

Signé : Louis.

Par le roi, chef souverain et grand maître, le grand chancelier de l'ordre royal de la légion d'honneur.

Macdonald.

Vu, vérifié, scellé et enregistré, registre 5, folio 223
Le secrétaire général de l'ordre

Vicomte de Laimmare

ARMOIRIES DES RAST

Armoiries de JAMIN (*pour Jacques*) RAST, d'après l'Armorial général de France qui porte la mention suivante au mot *Rast-Montpellier* n° 344 « Jamin Rast lieutenant en la garnison du comté de la Voulte, porte *de gueules à trois roses d'argent, deux en chef et une en pointe, et un croissant d'or mis en cœur.* »

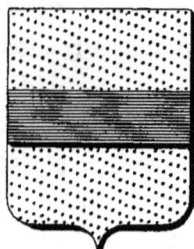

Armoiries de JEAN-BAPTISTE DE RAST, major de Dinant et de Furnes, d'après l'Armorial général de France qui porte la mention suivante au mot : *de Ras, Flandre* n° 1460 « de Ras, major de la ville de Dinant : *d'or à une fasce d'azur.* »

Armoiries adoptées généralement par les membres de la famille Rast et notamment par :
Jean-Baptiste de Rast, major de Dinant et de Furnes (*portrait*).
Jean-Baptiste de Rast, lieutenant de roy de Pontarlier (*portrait*).
Jean-Jacques Rast, médecin et toute sa descendance (*orfèvrerie, argenterie, etc.*).
Écartelé : *aux 1er et 4e de gueules, aux 2e et 3e de sable; à trois roses d'argent, deux en chef et une en pointe.*

Armoiries de *Matthieu Rast*, échevin de Lyon, d'après son jeton d'échevinage. Il porte *de gueules à trois roses d'argent, deux en chef et une en pointe.*

TABLEAU GÉNÉALOGIQUE DES RAST

JEAN RAST, marchand à la Voulte, marié à Isabeau Coulet.

JEAN RAST, notaire à la Voulte, marié le 14 juillet 1654 à Isabeau Masson. Mort en 1696.

JEAN-MARIE RAST, religieux augustin.

.... RAST, mort major de Sedan.

JEAN-BAPTISTE RAST, major de Furnes, marié à Jeanne Demeure. Mort en 1704.

MAGDELEINE RAST, mariée à Martial Roche.

FABIEN RAST, notaire à la Voulte, marié à Jeanne Roche.

JEAN-GILBERT RAST, né en août 1666, religieux augustin.

JACQUES RAST, né le 19 juin 1669, à la Voulte. Marié le 7 nov. 1691 à Marie-Anne Perret. Mort le 11 nov. 1721.

JEAN-BAPTISTE RAST, lieutenant de roy à Pontarlier, né le 18 janv. 1678. Marié le 4 juillet 1736 à Suzanne de Bouteville. Mort au château de Joux le 8 déc. 1754.

ANTOINE RAST, capitaine au régiment de Mornac.

AGATANGE RAST, religieux augustin.

LOUISE RAST.

MARIE RAST, mariée à Jean Grégoire, notaire.

JEANNE RAST.

ANNE-MARIE RAST, née à la Voulte le 25 fév. 1694. Mariée le 20 août 1725 à Antoine Valentin.

FLEURIE RAST.

ANTOINE RAST, né le 30 septembre 1696. Mort officier à 17 ans.

JEAN-JACQUES RAST, médecin, né le 29 août 1698. Marié le 26 oct. 1722 à Claudine Demeure. Mort le 4 juin 1773.

JEAN-JACQUES RAST, capitaine de cavalerie et juge à la Voulte. Né le 28 oct. 1733. Mort le 26 nov. 1800.

JEANNE-GILETTE MARGUERITE née à la Voulte le 2 juillet 1724. Morte le 2 déc. 1727.

ANNE-LOUISE RAST, née le 2 décembre 1727.

JEAN-LOUIS RAST, né le 26 nov. 1731. Mort le 27 mars 1831. Marié le 15 sept. 1759 à Claudine Delamoureux, puis en 1788 à Jeanne Boncharlat.

JEAN-BAPTISTE-ANTOINE RAST, médecin, né le 28 déc. 1732. Mort en mai 1810.

JEANNE-SIMONE RAST, née le 15 sept. 1735.

MARIE-ANTOINETTE RAST, née le 22 mars 1738. Mariée le 15 mars 1760 à Alexis Belin de Laréal. Morte le 20 sept. 1821.

JEAN-MATHIEU-FÉLIX RAST, né le 20 nov. 1744. Marié le 24 nov. 1787 à Claudine-Charlotte Rast. Mort le 19 mars 1832.

CLAUDINE-CHARLOTTE RAST née à Lyon le 18 déc. 1762. Mariée le 24 nov. 1787 à Jean-Mathieu-Félix Rast. Morte au Grand-Lucé le 17 déc. 1849.

MARIE-MAGDELEINE-JACQUELINE, née le 22 juillet 1763. Morte à Chambéry âgée de deux ans.

FRÉDÉRIC RAST, né en 1789. Marié à Anne Lambert. Mort à Paris en 1820.

PAULINE-CHARLOTTE RAST, née au Mans le 10 décembre 1792. Morte au Grand-Lucé le 5 avril 1849.

AMÉLIE-CLAUDINE RAST, née à Ste-Croix du Mans le 16 mai 1795. Morte à Ste-Croix le 4 octobre 1799.

FRANÇOISE-CHARLOTTE RAST, née à Ste-Croix du Mans le 24 avril 1799. Mariée à Léger-Louis-Jean Graffin le 9 octobre 1826. Morte à Pontvallain (Sarthe), le 4 juin 1870.

LOUISA RAST.

LÉONIE RAST.

RAST, capitaine.

MATHIEU RAST, échevin de Lyon, né le 25 décembre 1701. Marié à Simone Simon.

HENRI RAST.

RAST, négociant.

Dlle Rast, religieuse.

ÉTIENNE RAST, négociant, marié à Fanny Tranchant.

Dlle Rast, mariée à M. Roman.

RAST, négociant, chanoine de Saint-Paul de Lyon.

JACQUES-JOSEPH RAST, né le 17 nov. 1736. Mort le 17 fév. 1816.

Dlle Rast, mariée à M. Berger.

TABLE ALPHABÉTIQUE

DES PRINCIPAUX NOMS DE PERSONNES ET DE LIEUX

CITÉS DANS CET INVENTAIRE

www.ingramcontent.com/pod-product-compliance
Lightning Source LLC
Chambersburg PA
CBHW070853280326
41934CB00008B/1429